AF356548

COLLECTION DES GUIDES-ALBUMS DU TOURISTE

Par CONSTANT DE TOURS

Vingt jours en Tunisie

PAR

CHARLES LALLEMAND

RETOUR EN FRANCE PAR BISKRA ET CONSTANTINE.

PARIS

MAY & MOTTEROZ, LIB.-IMP. RÉUNIES, 7, RUE SAINT-BENOIT

GUIDES-ALBUMS DU TOURISTE, par CONSTANT DE TOURS

EN VENTE DANS TOUTES LES LIBRAIRIES DE FRANCE ET DE L'ÉTRANGER

ADOPTÉS PAR LE MINISTÈRE DE LA MARINE

VINGT JOURS SUR LES **Côtes de Normandie, en Bretagne et à l'Ile de Jersey**, par CONSTANT DE TOURS. Album illustré de 110 dessins exécutés d'après nature. Dans un cartonnage artistique avec fers spéciaux. . . . . **3 fr. 50**

VINGT JOURS SUR LES **Côtes Normandes**, — DU HAVRE A CHERBOURG, — par CONSTANT DE TOURS. Album illustré de 130 dessins exécutés d'après nature. Dans un cartonnage artistique avec fers spéciaux . . . . **3 fr. 50**

VINGT JOURS **En Haute-Normandie** ET SUR LES **Plages du Nord**, — D'ÉTRETAT A OSTENDE, — par CONSTANT DE TOURS. Album illustré de 130 dessins exécutés d'après nature. Dans un cartonnage artistique avec fers spéciaux. . . . . **3 fr. 50**

VINGT JOURS **En Bretagne**, — DE SAINT-MALO A BREST, — par CONSTANT DE TOURS. Album illustré de 125 dessins exécutés d'après nature. Dans un cartonnage artistique avec fers spéciaux . . . . **3 fr. 50**

VINGT JOURS SUR LES **Côtes Bretonnes**, — BASSE-LOIRE ET DE NANTES A BREST, — par CONSTANT DE TOURS. Album illustré de 125 dessins exécutés d'après nature. Dans un cartonnage artistique avec fers spéciaux . . . . **3 fr. 50**

VINGT JOURS A **Paris en 1893**, par CONSTANT DE TOURS. Album illustré de 220 dessins exécutés d'après nature. Dans un cartonnage artistique avec fers spéciaux . . . . **3 fr. 50**

VINGT JOURS **En Tunisie**, — RETOUR PAR **Constantine**, — par CHARLES LALLEMAND. Album illustré de 15 aquarelles et 175 dessins exécutés d'après nature. Dans un cartonnage artistique avec fers spéciaux . . . . **5 francs.**

VINGT JOURS **En Suisse**, par PAUL NAC, Membre du Club Alpin, et CONSTANT DE TOURS. Album illustré de 160 dessins exécutés d'après nature. Dans un cartonnage artistique avec fers spéciaux . . . . **5 francs.**

Sous presse :

VINGT JOURS SUR LES **Côtes de l'Océan**, — DE NANTES A BIARRITZ, — par CONSTANT DE TOURS. Album illustré de 125 dessins exécutés d'après nature. Dans un cartonnage artistique avec fers spéciaux. . . . . **3 fr. 50**

Tous droits réservés.

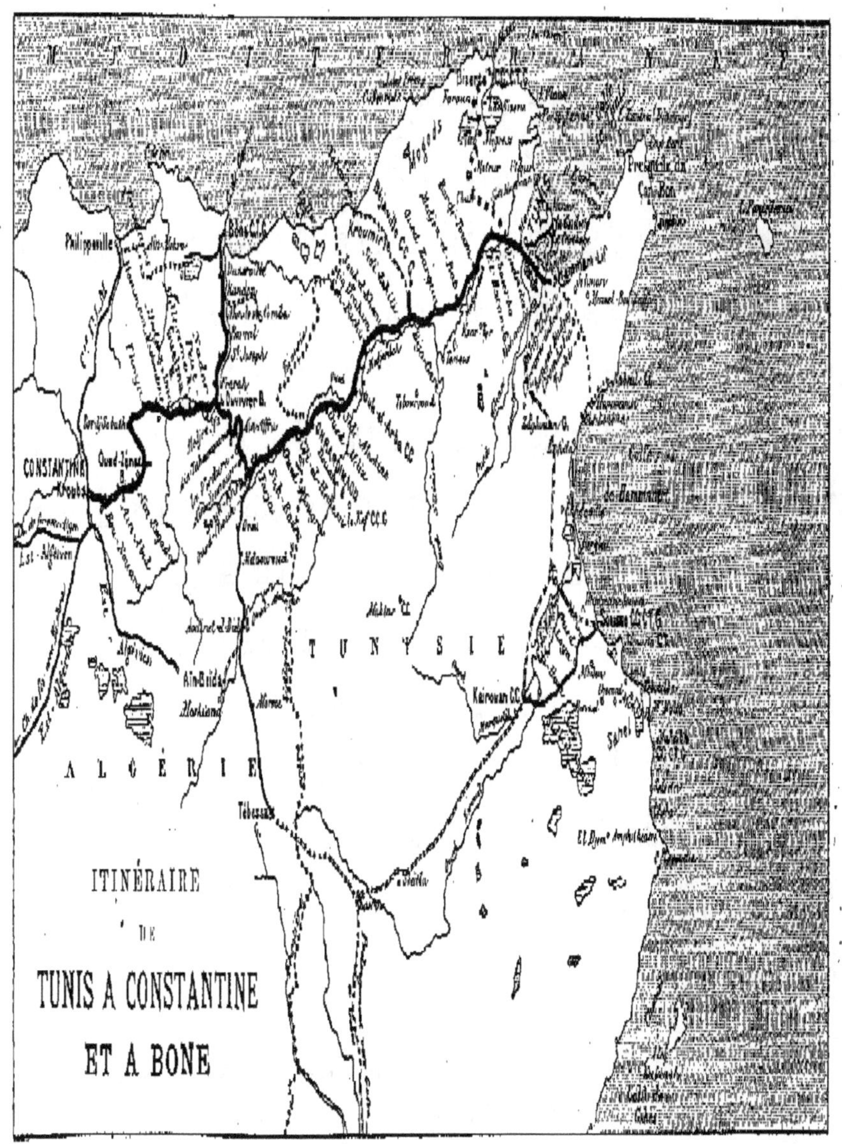

CARTE DU VOYAGE.

Voir le DÉSERT, où conduit aujourd'hui le chemin de fer, qui a son *terminus* actuel à Biskra, reine des oasis, « Barbizon » africain des peintres et des poètes ; parcourir la TUNISIE dans ses grandes étapes, Tunis la Blanche, Kairouan la Sainte, Sousse, Bizerte, Tabarka ; traverser la pittoresque province de CONSTANTINE et revenir par Bône à Marseille et Paris : tel est le programme enchanteur que s'offre à nous faire accomplir en **Vingt jours** un aimable cicérone aussi érudit qu'expérimenté, M. Charles Lallemand, l'historien et le peintre de la Tunisie[1] qu'il a vue grandir et « se franciser » dès le début du Protectorat.

Combien il est doux d'abandonner, pendant quelques jours, le pavé de bois de la Capitale pour aller paisiblement déambuler à l'ombre des grands dattiers, sous les orangers, les palmiers, les eucalyptus et les pins, — ou le long des routes bordées de cactus épineux, de figuiers de Barbarie et d'aloès pointus ! A pied, à cheval, en voiture, à dos de mules, voire même en de cahotantes chevauchées sur les chameaux des caravanes, nous irons à la découverte des ruines antiques, des villes naissantes ; et, chemin faisant, nous aurons la joie égoïste de savourer — tandis qu'ailleurs il gèle — les senteurs embaumées des roses, des jasmins, des jacinthes, du romarin et des mille fleurs qui enivrent les papillons aux ailes de feu : l'heure printanière des amours étant, au paradis africain, singulièrement en avance sur « l'heure de la Bourse ».

---

1. **Tunis et ses environs.** — La Tunisie : Deux beaux volumes in-4°, illustrés d'aquarelles : 35 francs chacun.

En préparation, **De Paris au Désert**, un volume de luxe in-4°, illustré de dessins et d'aquarelles : 20 francs. — Textes et illustrations de M. Charles Lallemand (Librairies-Imprimeries réunies, May et Motteroz, Directeurs).

La sortie du port de Marseille.

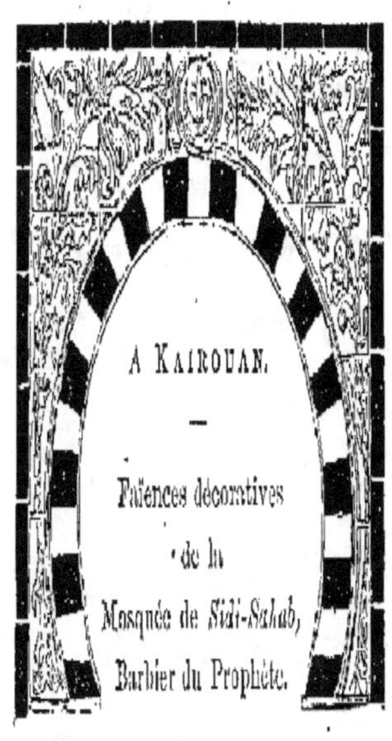

LA TRAVERSÉE[1]

Lorsque le vilain hiver aux journées écourtées étend ses tristes pénombres dans les rues de nos villes et sur nos campagnes dénudées et moroses, lorsque le gel et le dégel, la neige, le grésil, le givre, les brouillards épais, les bourrasques glaciales et la froide bise ont envahi l'atmosphère et pris possession du sol, il vous prend une envie *folle* de courir aux pays ensoleillés. Pourquoi folle? N'est-il pas des contrées où les frimas sont inconnus, où décembre voit l'émail des pâquerettes sur

1. Voir à la fin de l'Album les *Renseignements pratiques* pour ce voyage.

les prés verts ; où, dès janvier, une neige... de fleurs couvre les amandiers... C'est notre belle Afrique française ! « Vingt jours » suffisent à parcourir ces pays privilégiés, la fameuse province *Africa*, que les Romains tenaient pour le joyau de leur empire immense, tant à cause de sa fertilité proverbiale qu'en raison de la densité et de la richesse de ses populations ! Aujourd'hui encore, les nomades du Désert, les « Sahari », appellent *Ifrikia* le littoral méditerranéen où leurs troupeaux retrouvent le vert lorsque le siroco a tout brûlé dans le Sahara.

De quelque point de la France que doive partir le touriste pour Tunis, c'est à MARSEILLE qu'il devra s'embarquer... Pendant la traversée, il verra les côtes de la Sardaigne ; il pourra visiter, en dix-sept jours, Tunis, la Goulette, le Bardo, Kassar-Saïd, Carthage, Sidi-bou-Saïd, Enfidaville, Sousse, Kairouan, et revenir par Constantine et Bône, après avoir poussé une pointe jusqu'au Désert ; soit accomplir, outre les deux traversées, un parcours de plus de 1,100 kilomètres sur la terre africaine.

Nous prenons passage sur l'un des excellents bateaux de la Compagnie transatlantique, qui font trois fois par semaine le service direct entre la France et la Tunisie, et *vice versa*.

Montons sur le pont pour assister à la sortie du port de Marseille, spectacle vraiment admirable... à moins que ce perfide golfe du Lion n'y oppose une agitation intempestive. Dans ce cas, le mieux est de se coucher tout de suite, philosophiquement, mais... complètement : c'est, jusqu'à présent, le préservatif le plus sûr contre le mal de mer. La Méditerranée peut être calme ; et si vous avez le bonheur de naviguer sur une « mer d'huile », vous glissez alors doucement sur un lac paisible, le bateau traçant un sillage de perles dans une plaine de lapis, sous un ciel d'azur. Bonne chance !

Le lendemain du départ, vers onze heures, nous rencontrons le bateau parti de Tunis à l'heure où le nôtre quittait Marseille : c'est le petit événement de la traversée. Vers le même moment, on découvre les terres de Sardaigne, et parfois on en approche d'assez près pour distinguer les arbres, les cultures et les maisons de l'île *San Pietro*.

Le soir, notre paquebot passe dans le voisinage de deux grands rochers auxquels une ressemblance « approximative » a fait donner les noms de *Taureau* et de *Vache*; puis le soleil éclatant se couche dans la mer comme une coulée de lave, la nuit tombe rapidement. Les étoiles, plus grandes qu'en Europe, plus brillantes aussi, mettent alors le firmament en fête. Et, maintenant : Bonsoir !

Dès l'aube, la terre d'Afrique est en vue. Voici, à droite, une ligne noire, l'île des Chiens, avec son phare; devant vous, le cap de Carthage, sur lequel on distingue la *Marsa*, résidence du Bey et du représentant de la France.

L'arrivée à Tunis. — Le bateau navigue dans le golfe de Tunis, l'un des plus vastes de la Méditerranée. En doublant le cap de Carthage, on aperçoit, juché sur des falaises rouges, le joli village blanc de *Sidi-bou-Saïd*; tout le long de la côte, vers le sud, se succèdent des villas, le Lazaret, puis la colline de Carthage, que couronnent une cathédrale de construction récente et plusieurs couvents. Nous filons sur la Goulette; à gauche sont les montagnes de la presqu'île du Cap-Bon, qui ferme le golfe à l'est.

Dans l'axe du navire se profilent *Bou-Gornéïn*, « mont aux Deux Cornes », le *Djebel Ressas*, « montagne de plomb » et le *Zaghouan*, d'où viennent les eaux qui alimentent Tunis. Derrière la Goulette, dans le lointain, comme une carrière de marbre, Tunis la Blanche.

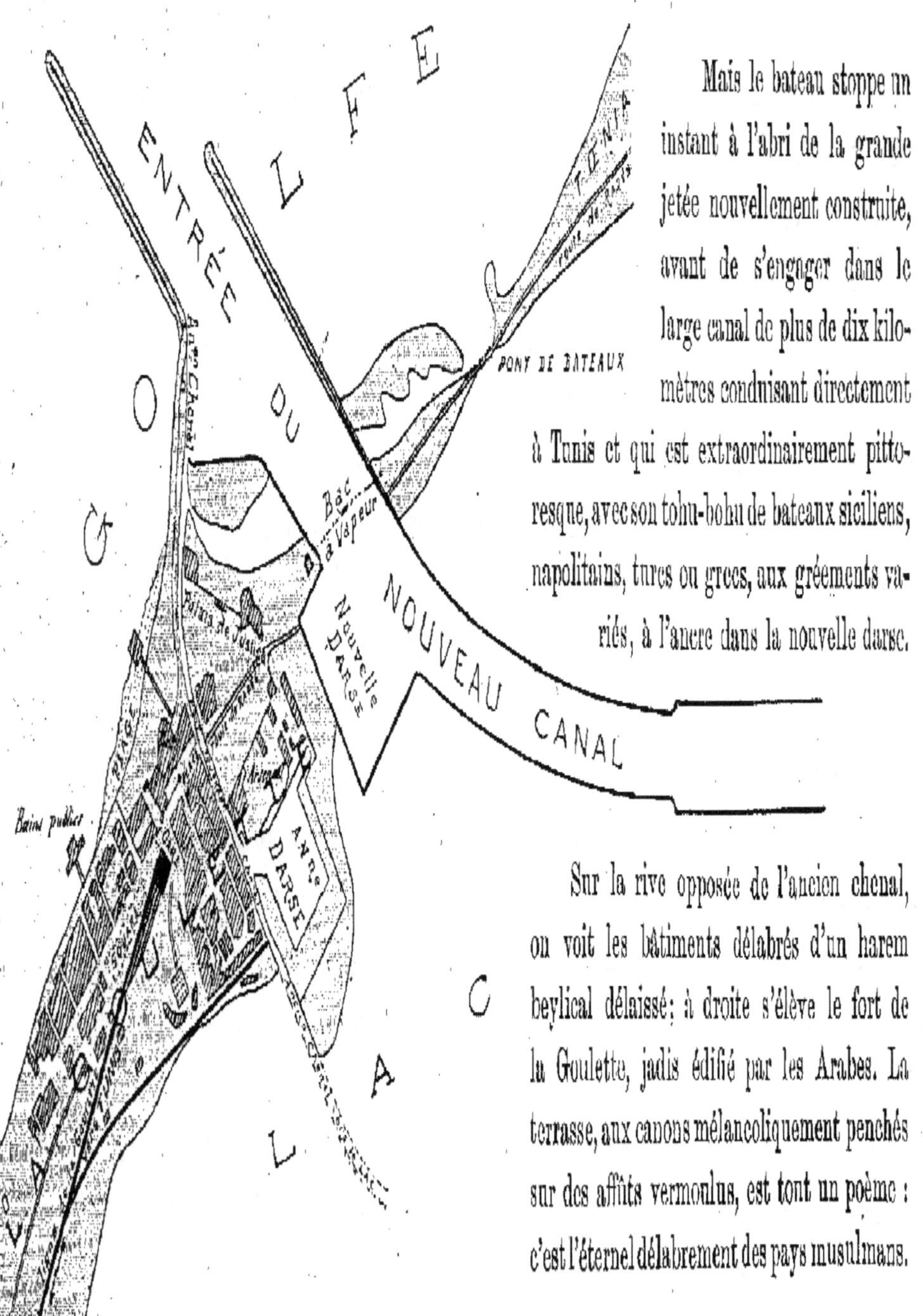

Mais le bateau stoppe un instant à l'abri de la grande jetée nouvellement construite, avant de s'engager dans le large canal de plus de dix kilomètres conduisant directement à Tunis et qui est extraordinairement pittoresque, avec son tohu-bohu de bateaux siciliens, napolitains, turcs ou grecs, aux gréements variés, à l'ancre dans la nouvelle darse.

Sur la rive opposée de l'ancien chenal, on voit les bâtiments délabrés d'un harem beylical délaissé; à droite s'élève le fort de la Goulette, jadis édifié par les Arabes. La terrasse, aux canons mélancoliquement penchés sur des affûts vermoulus, est tout un poème : c'est l'éternel délabrement des pays musulmans.

Un chemin de fer italien conduit de la Goulette à Tunis en 35 minutes ; il va être délaissé au
profit des services de bateaux par le nouveau
canal, assez profond pour laisser arriver jusqu'à
Tunis les grands transatlantiques, tandis que la
profondeur moyenne du Lac n'est pas d'un mètre.

Devant nous, le coup d'œil est féerique : au
delà du Lac, des coteaux où les palmiers
donnent la signature de la terre africaine ;
dans le fond, des montagnes imposantes ;

CANAL

plus près, comme des parterres de roses,
se dessinent sur la surface verte de l'eau des
troupes chatoyantes de flammants aux ailes
de feu. D'innombrables oiseaux, depuis l'alouette
de mer jusqu'au héron, gris ou blanc, en passant
par l'aigrette, la spatule, la grèbe... courent et
voltigent sur ces rivages.

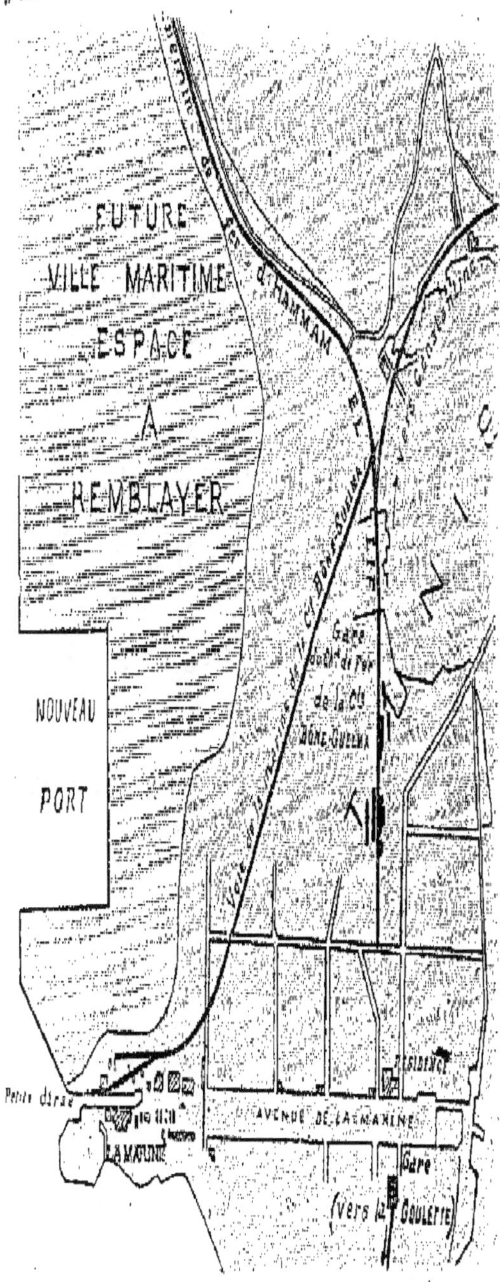

TUNIS

PORT. — LAC. — CANAL.
La Goulette à l'horizon.

On débarque à Tunis même sur un appontement construit pour les Transatlantiques, en attendant les grands aménagements du nouveau port.

Le point central d'orientation dans Tunis est la *Porte de France*, vers laquelle il faut se diriger. Jadis, la ville commençait là et, à l'est, ce n'était qu'un marais impraticable : en moins de dix ans, une ville « franque », c'est-à-dire européenne, s'est élevée, grande et peuplée comme par enchantement, entre le Lac et la ville arabe, avec laquelle elle ne se confond pas. On traverse l'ancienne Marine, pour arriver dans une grande avenue d'un kilomètre, qui va du nouveau port au vieux Tunis : plantée de ficus, elle porte le nom d'*Avenue de la Marine*; au delà du square, elle s'appelle *Avenue de France*. On y voit le palais de la Résidence et, en face, la cathédrale improvisée que remplacera bientôt un édifice plus imposant.

A côté de la Résidence s'ouvre la rue Sadikia, où se trouvent réunies la Municipalité, la

LA PORTE DE FRANCE. — Entrée de la *Médina*.

Compagnie transatlantique, les banques et le siège de plusieurs Sociétés importantes; elle conduit à la gare française de Bône-Guelma. La rue d'Italie, qui débouche sur l'Avenue de

France, aboutit au Grand-Marché, des plus curieux à voir en pleine animation, de huit à dix heures du matin, et à l'Hôtel des Postes et Télégraphes, édifice somptueux, dessiné par l'architecte Saladin.

Avenue de la Marine.

TUNIS. — Le quartier européen.

Hâtons-nous de pénétrer dans la ville arabe, dans ce Tunis qui passe à juste titre pour une des cités musulmanes les plus pittoresques, où chaque rue est un tableau, chaque boutique un « motif », chaque groupe un sujet à peindre. Il faudrait des semaines pour visiter tous les coins et recoins, les rues, les places, les ruelles et les innombrables impasses de cette ville étonnante ; cependant, en s'orientant bien, on peut avoir, en deux jours, une idée très nette de la *Médina*, de la ville indigène, une ville de cent mille âmes, s'il vous plaît ! Et, d'ailleurs, elle est littéralement cernée par une ligne de tramways, qui donne quelque aplomb au visiteur, certain d'aboutir aisément à la circonférence, c'est-à-dire de rencontrer le tram. Aux deux extrémités de l'ovale allongé que forme la Médina se groupent deux énormes faubourgs : *Rebat-bab-ed-Djedid*, au sud ; *Rebat-bab-es-Souika*, au nord.

Entrés par la porte de France, pénétrons, à gauche, dans la *rue de l'Église*. D'aspect levantin, dès l'abord, cette

En consultation

chez M. Mohammed.

Un clerc de notaire.

Un petit hammal.

longue ruelle se transforme peu à peu : au bout de 300 ou 400 mètres, elle devient une rue d'aspect purement arabe. Voici le collège Sadiki, fondé par Kheir-Eddin, où les jeunes musulmans reçoivent une instruction

« française »; puis nous passons devant une étude de notaire (!), un trou cubique avec une petite balustrade qu'il suffit d'enjamber pour être chez M⁰ Mohammed et son collègue : le local est si petit

Négresses vendant du pain.

que le client reste dehors pour expliquer son affaire à l'*adel*, « notaire ».

Chemin faisant, on croise dans les rues de petits musulmans portant de l'eau pure et fraîche aux marchands qui, retenus dans la cohue des marchés, ne peuvent quitter la place pour aller se rafraîchir à la fontaine : une grande cruche sur le dos, une tasse en terre

Une étude de notaire.

Une friturerie arabe.

ou un gobelet en fer-blanc, une sacoche pour mettre la recette et la provision de pain et de fruits de la journée complètent l'équipement du

La cuve d'eau fraîche.

petit vendeur d'eau. Dans la vie arabe, le grand premier rôle appartient sans contredit à l'eau : à la porte des petits cafés, une cuve en bois ou un vase en terre plein d'eau fraîche est mis à la portée du passant ; à chaque mosquée, à toutes les *Zaouia*, on voit, derrière une fenêtre grillée, une vasque pleine d'eau potable à la disposition du public ; — il n'y a qu'à allonger l'écuelle à travers la grille pour y puiser.

Petits et grands, les indigènes sont très friands de viandes frites à l'huile : aussi, les *keftajia* et les *kebdajia* qui en font le commerce abondent-elles un peu partout ; la confiserie est

Un vendeur d'eau.

également florissante dans le monde de l'islam : les *hallaouania* installés en boutiques et les confiseurs ambulants débitent les douceurs chères aux harems et aux écoliers.

Vous n'échapperez pas à la poursuite des petits cireurs : « Cirer, monsieur, cirer ! » Nouvellement débarqués, les voici à vos trousses ; si vous leur livrez vos pieds, la lutte commence. On se dispute ferme le client : dans la mêlée, les boîtes s'entre-choquent, les injures s'entre-croisent, enfin les vainqueurs ont pris position, et vous payerez double rançon, car chaque pied a son cireur : attention à vos tibias, c'est à qui des deux dans ce sport nouveau arrivera bon premier.

Un armurier.

Tout comme Paris, Tunis a ses cris : de petits Arabes vendent, aux abords des principaux cafés, le journal qui vient de paraître ; ils rendraient des points « pour le coup de gueule » au camelot parisien et reconnaissent avec une grande sûreté de coup d'œil le client probable.

Avant de s'engager sous la grande voûte qui termine la rue de l'Église comme un tunnel, il faut obliquer à gauche ; à cinquante pas, on rencontre le *Souk des Armuriers*, extrêmement curieux. En le remontant, on arrive au quartier des libraires, des relieurs et, en tournant à droite, on retrouve plusieurs études (?) de notaires. Sous la voûte se trouve, à droite, l'entrée de la prison, où des parents et des amis attendent l'heure réglementaire pour porter à manger aux prisonniers,

En face de nous s'élève le péristyle de la Grande Mosquée, la « Mosquée de l'Olivier », *Djamda-es-Zitouna*, dont l'architecture ne manque pas de caractère. Tout près de là, rue des Libraires, se trouve une porte, ou plutôt un porche, d'une

Un revendeur, à Tunis.

rare élégance ; c'est l'entrée d'une médersa. Les *Médersa*, comme les *Zaouia* « séminaires », sont des sortes d'hôtelleries où logent les étudiants qui suivent les cours dans les mosquées.

Une porte arabe, rue des Cinq-Doigts.

Médersa (École de théologie).

Puis on pénètre dans le *Souk des Parfums*; c'est alors un émerveillement: assis dans de véritables niches, sérieux comme des dieux indiens dans leurs pagodes, les vendeurs peuvent sans bouger, rien qu'en étendant les bras, toucher l'infinité de fioles, de paquets, de tiroirs, de cierges qui les encadrent. Leurs costumes de nuances variées sont un enchantement pour l'œil : la *gandoura*, « robe », de l'un est d'un jaune bouton-d'or ; celle de son voisin est bleu turquoise ; un autre est vêtu d'écarlate ; un quatrième a donné la préférence au gris cendré ; d'autres gandouras sont d'un vert éclatant, ou abricot, ou noisette, ou saumon, ou violet, ou mauve, — toute la palette! Il y a là quatre-vingts boutiques de parfumeurs si petites que le marchand les emplit à lui seul ; c'est, à vrai dire, un trou pratiqué dans le mur et non pas au ras du sol, mais à la hauteur d'un mètre environ. Ces apparences modestes sont trompeuses : les marchands de parfums sont les plus riches bourgeois de Tunis ; beaucoup de dignitaires de l'ordre civil ou religieux ont passé par leur corporation : caïds, cadis, généraux, imams, muftis et bach-muftis. Et tout autour

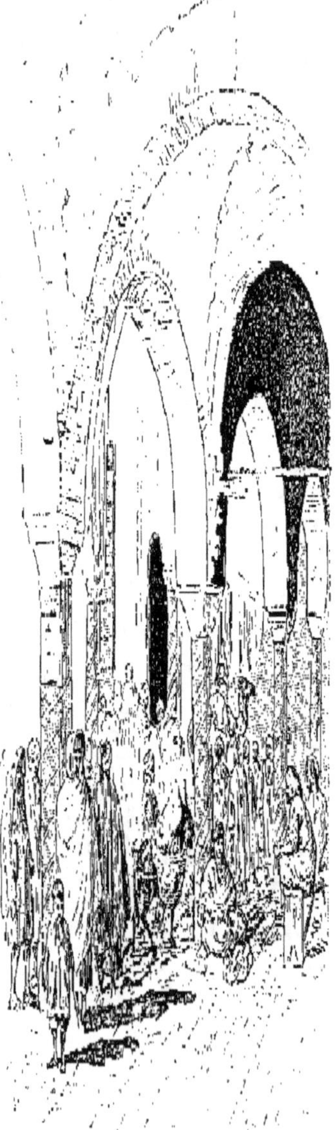

Carrefour du Souk des Parfums.

de ces marchands immobiles, que rien ne saurait émouvoir dans leur calme et leur sérénité, c'est un

Un marchand de parfums et de cierges.

Une boutique de poteries.

brouhaha de cris, une bousculade d'hommes, de chameaux, de chevaux, d'ânes et de charrettes indescriptibles. Le carrefour est aussi rouges et vertes, à la manière

Le minaret de la mosquée Djama-Sidi-Yousef.

très curieux d'aspect, avec ses colonnes enveloppées de bandes des mirlitons ; à droite s'ouvre le *Souk des Cordonniers*, dont les boutiques sont enguirlandées de babouches de toutes formes et de toutes couleurs.

En revenant sur ses pas, on passe devant l'une des portes latérales de la mosquée Zitouna ; sur les degrés du temple, des marchands de savons et de babouches étalent leurs marchandises.

Au bout du Souk des Parfums commence la rue *Sidi-ben-Arous*. La mosquée de ce nom possède l'un des plus élégants minarets de l'Afrique : celui que l'architecte Saladin a reconstitué, à l'Exposition universelle de 1889, dans la Section tunisienne, aux Invalides. Le minaret de Sidi-Ben-Arous, comme celui de la mosquée voisine de Dar-el-Bey, appelée *Djama-Sidi-Yousef*, du nom de son fondateur, sont les plus beaux types de minarets orientaux. Ils sont propres à Tunis et ne ressemblent à aucun autre : leur fût polygonal s'élance d'un seul jet ; les arêtes, en relief, encadrent des panneaux qui partent du sol

Au Souk des Tailleurs.

pour aller jusqu'au riche encorbellement du balcon circulaire d'où le muezzin jette aux quatre coins de l'horizon l'appel à la prière. Le balcon est recouvert par une gracieuse véranda peinte en vert, — la couleur du Prophète, — au-dessus de laquelle pointe le clocheton du minaret formé de trois boules surmontées du traditionnel croissant.

Passant sous la voûte voisine, on pénètre dans le *Souk des Tailleurs*. Décor charmant : à droite et à gauche, de nombreuses colonnettes peinturlurées auxquelles pendent des étoffes aux couleurs chatoyantes bordent la rue,

Le Café des Marabouts.

couverte de planches qui laissent filtrer les rayons du soleil. Aux heures des enchères, la foule indigène est tellement compacte sur ce point, que c'est à peine si l'on peut s'y frayer passage. A quarante pas, à peine, on monte, dans le *Souk Et-truck*, au curieux *Café des Marabouts*; mosquée désaffectée, c'est le plus curieux des cafés arabes. La vaste

Entrée supérieure du Souk Ettruck.

salle, très haute, qui a l'aspect d'un édifice religieux, est divisée en nefs dont les arceaux sont soutenus par des colonnes peintes, mirlitons gigantesques; partout s'étendent des nattes où sont assis fumeurs, joueurs et buveurs de café, et à côté des groupes se trouvent... des tombeaux ! Ils renferment les corps de saints personnages, de marabouts, auprès des-

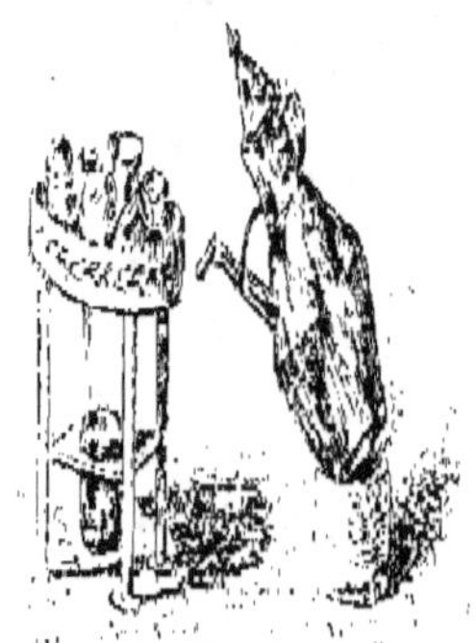

Une boutique du Souk des Cuivres.

Matériel d'un confiseur ambulant.

UNE JUIVE A TUNIS.

UN FELLAH.

UN MARCHAND DE FLEURS.

quels les Tunisiens fument le *hachisch* dans leurs pipes minuscules et dégustent le café, « la boisson de Dieu, selon les Orientaux, la source de la vie inventée pour rétablir la santé du Prophète ».

A gauche de l'entrée du Souk des Tailleurs s'ouvre la fameuse *rue des Étoffes*. C'est là que sont réunis en grand nombre les marchands d'étoffes tunisiennes, de tapis, de broderies, de bibelots, d'armes anciennes, etc. D'une rare amabilité, ils étalent tout avec une étonnante complaisance, vous offrent le café, et... vous demandent deux fois, sinon trois fois, la valeur de l'objet marchandé. Mais tout le monde sait cela : l'acheteur qui rabat, aussi bien que le marchand qui surfait ; il y a une sorte d'accord tacite pour ce sport, d'un genre spécial, dans lequel les antagonistes du trafic se placent aussi loin que possible l'un de l'autre.

Marchand de couvertures.

A l'envers des batailles, le combat cesse lorsque se produit la rencontre.

Dans cette même rue, on voit deux portes de grande mosquée, dont l'accès est, comme toujours, interdit aux chrétiens. Près de là, derrière une fenêtre grillée, s'abritent plusieurs tombeaux de marabouts, aussi oubliés que respectés.

Un coin de la rue des Étoffes.

Au bout de la rue des Étoffes se succèdent quelques jolies boutiques de revendeurs, puis de brodeurs. En poursuivant notre promenade, nous rencontrons la ruelle *Merzag*, à gauche ; remontons-la vers le *Souk des Orfèvres*. Presque tous sont israélites ; l'impasse où ils sont groupés est barrée le samedi et gardée par de gros chiens.

A propos de ce samedi, nous ferons ici une remarque importante : il est préférable d'arriver à Tunis au commencement de la semaine, car ceux qui y viennent le vendredi éprouvent une surprise désagréable : l'inconvénient des trois dimanches. Le vendredi, toutes les boutiques des musulmans sont closes ; celles des israélites sont fermées le samedi, et fort peu de chrétiens ouvrent les leurs le dimanche : il en résulte que les Souks, la grande attraction de Tunis, sont incomplets, tristes même, ces trois jours de la semaine.

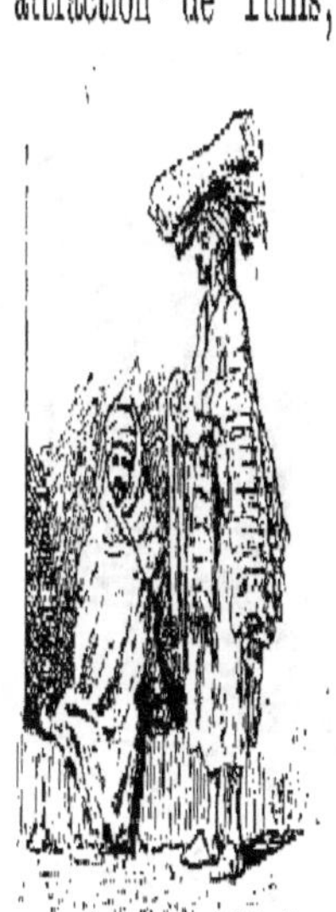

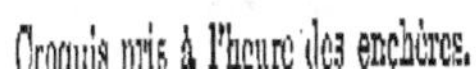

Croquis pris à l'heure des enchères.

Boutiques de brodeurs.

—

Une Juive.

Près du Souk des Orfèvres se trouve le *Souk des Selliers*, qui a une réputation bien établie du Maroc à Tripoli; ses boutiques sont un véritable ruissellement d'or et d'argent : les selles, les harnais, les brides, les bottes, les œillères, les étriers, tout est brodé ou niellé. Au milieu du Souk, entre les pavés, — rencontre étrange ! — s'élève

le tombeau d'un marabout, sur lequel, le vendredi, flotte l'étendard du Prophète, brûle la cassolette d'encens et flamboie

Une rue du quartier israélite

Marchand de beignets.

une bougie. C'est le saint protec-
teur du lieu.

Le *palais Hussein*, siège de
la Subdivision, un des plus beaux

Le marabout du Souk des Selliers.

Au Souk des Orfèvres.

Café tunisien.

types de palais arabes, n'est pas éloigné de la
Le vestibule est orné de vieilles faïences et les
fonds rappellent les tonalités des châles des
est à arcades, véritables dentelles en plâtre

Sur le boulevard extérieur, prenons le
devant *Bab-Djedid*; non loin de cette porte
tion de l'Enseignement, où nous avons eu la

sortie de ce Souk.
peintures des pla-
Indes; le patio
sculpté.
tramway qui passe
se trouve la Direc-
curiosité de visiter

Une école musulmane.

une école musulmane faisant partie du collège Alaoui ; on y voit encore un ancien marabout, tombe de Sidi-el-Mahdi, que protège une barrière peinte en vert, avec des fleurs blanches comme ornements. De chaque côté, les écoliers, assis par terre sur des nattes, psalmodient les versets du Coran en balançant le haut du corps à la façon de l'aiguille d'un métronome ; de temps en temps, la longue baguette du maitre frappe sur le *chechia* de l'élève qui ne récite pas bien ou ne chante pas juste... A part cela, liberté à peu près complète de sortir et d'aller chez le *fetaria* voisin acheter une brochette de beignets odorants que l'on revient manger en classe.

Arrivés au carrefour, voici, dans la curieuse *rue El-Béchir*, bordée de nombreuses boutiques aux commerces variés, la mosquée de *Bab-al-Djazira*, qui

Rue El-Béchir. — Un marabout.

possède un des plus jolis minarets quadrangulaires de Tunis, originaires du Maroc. Nous enfilons la *rue des Teinturiers*; les Souks des teinturiers débouchent sur cette artère, une des principales de la Médina : ce sont des rues étroites, qui n'ont pas deux mètres de largeur, encombrées d'amphores et où circulent, pliant sous les fardeaux des étoffes teintes, des ouvriers aux bras bleus, rouges ou jaune d'or!

Fillette juive.

A LA MANUFACTURE NOUVELLE DES TABACS. — Atelier d'indigènes pilant du tabac à priser.

Ces ruelles aboutissent à une sorte de carrefour dont le centre est occupé par un puits énorme dont l'outillage est resté ce qu'il fut jadis et autour duquel des fouilles ont mis à découvert des débris de grandes amphores antiques des époques carthaginoise et romaine.

Un petit écart vers la gauche nous amène sur la *place des Tombeaux des Beys*, au milieu d'un quartier arabe d'un grand caractère. Les Beys et les princes de leurs familles sont enterrés dans ce cimetière particulier,

La Mosquée de Bab-al-Djazira, rue El-Béchir.

Au souk des Teinturiers.

— *campo santo* musulman, — fermé aux roumis et situé au milieu de la cité,

Place des Tombeaux des Beys.

Dans la rue des Teinturiers, où nous sommes revenus, se trouve un des principaux hammams de Tunis; on reconnaît facilement les bâtiments affectés aux bains maures : des *koubbas* surmontent ces établissements, de grandes cordes tendues entre des piquets s'enguirlandent de serviettes et de *foutas* rayées qui sèchent au soleil au-dessus des terrasses et s'agitent au vent.

Les portes sont bariolées de rouge, de blanc et de bleu, et ces couleurs criardes, violentes et heurtées, deviennent harmonieuses sous le soleil magique de ces pays d'Orient, qui met tout à l'unisson. A l'abri du porche se tiennent les barbiers; sous les arcades de la grande salle, aux claveaux noirs et blancs, les baigneurs reposent couchés sur des lits de camp, enveloppés

Entrée d'un hammam, rue des Teinturiers.

dans les foutas multicolores qui leur tiennent lieu de peignoirs.

La rue des Teinturiers nous conduit rue *Souk-el-Belat*, très pittoresque, en partie occupée par les boutiques gracieuses des fabricants de meubles tunisiens, dorés et peinturlurés. Traversant

Un café, rue Souk-el-Belat.

Grande salle
d'un établissement de bains
maures.

ensuite la rue de l'Église, que nous connaissons déjà, nous entrons dans la *rue des Tamis*, fort originale, menant à la *rue de la Kasbah*, que nous remontons pour atteindre le *Dar-el-Bey*, la « Maison du Bey ».

Le Bey habite à la Marsa,

mais se rend ici chaque samedi ; il vient également y séjourner pendant les fêtes du Ramadan.

RUE SOUK-EL-BELAT. — Un marchand de hallona, confiseur ambulant.

On peut obtenir à la Résidence la faveur d'assister à ses réceptions : dans une belle cour à colonnades les Arabes se pressent en foule ; ce sont les Pas-Perdus du lieu de justice indigène ; dans le vestibule se tient un poste de la garde beylicale. On admire surtout la salle du Conseil des ministres, un pur chef-d'œuvre de sculpture en plâtre. En face du Dar-el-Bey, sur la place de la Kasbah, est installé le service des Travaux publics ; à gauche, une caserne du 4ᵉ zouaves, la *Mosquée de la Kasbah* et l'un des plus curieux cafés maures de Tunis, à l'ombre des figuiers. De la terrasse du palais, le panorama du Lac, de la Goulette et de la blanche Tunis est inoubliable. Les terrasses des maisons jouent un grand rôle dans les villes arabes : c'est là queles commères voisinent ; on y monte pour respirer sous un ciel étoilé d'un merveilleux éclat. Les voleurs d'amour et les voleurs d'argent en connaissent le chemin ; aussi l'habitation est-elle doublement verrouillée et cadenassée, en haut à l'accès de la terrasse ; en bas à l'accès de la rue.

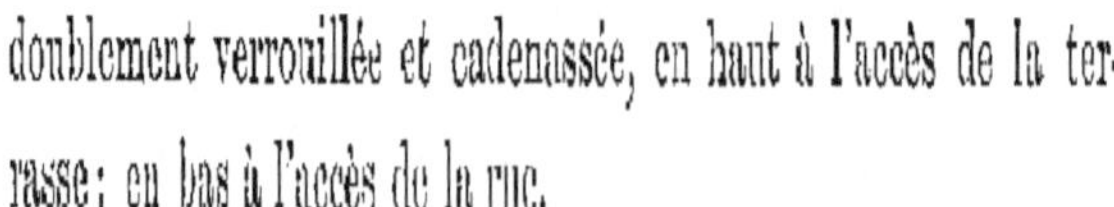

Place du Dar-el-Bey. — La Kasbah.

Un carrefour, près de Sidi-Youcef.

Zaouïa et fontaine, rue de la Municipalité.

Du Dar-el-Bey prenons la *rue de la Municipalité*, quartier musulman des plus cossus ; c'est à dire que sauf les portes, souvent fort belles, il n'y a aucun luxe en façade : tout est pour les patios de l'intérieur. Cette rue typique est prolongée, à gauche, par la *rue du Pacha*, et nous voici de nouveau sur la ligne du tramway.

Nous aborderons le faubourg *Rebat-bab-es-Souika* en descendant sur

Rue de la Municipalité.

la pittoresque *place Bab-Souika*; entourée de petites boutiques, elle offre un grouillement amusant de vendeurs de toute sorte de marchandises; à la façon de nos chanteurs ambulants, les conteurs arabes groupent autour d'eux un auditoire attentif. Dans les cafés en plein air, on voit les consommateurs assis en groupes, par terre,

Dans les faubourgs. — Un café en plein air.

Un conteur arabe à Bab-Souika.

toujours déchaussés, car ils ont le soin de laisser leurs babouches en dehors des nattes qui leur servent de sièges, afin de ne pas y apporter les poussières de la route! Nous constatons que l'on commence à faire usage du banc chez plusieurs *kaouadji* tunisiens.

Sur la place Bab-Souika se profile l'imposant massif des coupoles accumulées de la *Mosquée de*

PLACE BAB-SOUIKA. — Les coupoles de la Mosquée de Sidi-Mahrès.

Sidi-Mahrès. Un bout de souk couvert conduit devant les portes de la mosquée, dans la rue Sidi-

Mahrès, où sont les marchands de nattes. C'est dans la *rue Halfaouine*, voisine, que se tiennent les fêtes foraines du Ramadan ; elle conduit à la *place Halfaouine*, où se trouvent une mosquée monumentale et de grands cafés maures.

Et partout : aux carrefours, dans les faubourgs ou dans la ville, au quartier

Bab-Saadoun, bureau d'octroi de Tunis.

des Souks, entre les boutiques pittoresques circule une foule non moins pittoresque ; ce sont les bourgeois en riches gandouras, les loqueteux, le hammal plié sous le fardeau ou portant, attaché à une courroie qui lui passe sur le front, sa grande hotte vide ; la négresse vendant des petits pains ou criant des friandises, le marchand ambulant qui offre à tue-tête le fruit nouveau, le nègre indolent, le mendiant braillard, le fellah au chapeau de paille immense trottinant sur un âne si petit que les

La Mosquée de la place Halfaouine.

babouches du cavalier traînent sur le sol, des chameaux chargés de charbon du Zaghouan ou de piments de Nabeul... cohue bruyante, animée, multicolore.

Le Palais du Bardo. — Il faut donner une matinée au *Bardo*, petite promenade de vingt minutes en voiture, à trois kilomètres de Tunis. En s'y rendant, voici la porte de *Bab-Saadoun*, à partir de laquelle la ligne des murailles tourne brusquement vers le sud-est jusqu'à la Kasbah, et qui est un type curieux de fortification espagnole, avec échauguette sur l'angle du mur ; c'est, en même temps, un bureau

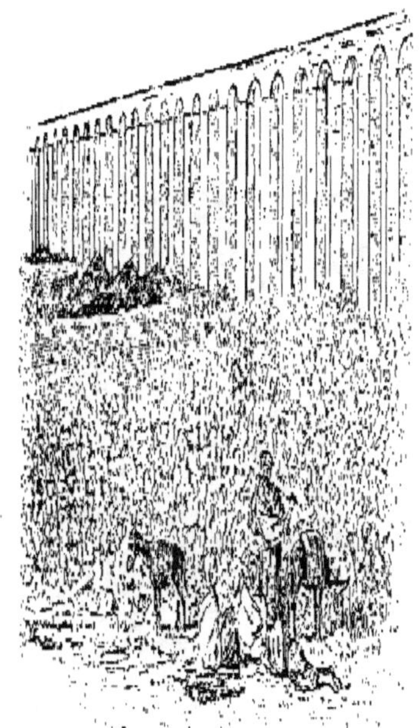

Aqueduc espagnol, sur la route du Bardo.

d'octroi où les employés arabes, assis à l'ombre, perçoivent, au profit de l'État, les droits d'entrée des marchandises introduites dans la ville. A mi-chemin de l'excursion, on rencontre un aqueduc immense, de construction espagnole, qui fait écran dans la vallée ; il portait l'eau jadis dans la direction de la Riana, enjambant d'une colline à l'autre. De la route, on remarque la forme particulière des puits arabes employés dans les *seignas*, « jardins irrigués » : le puits est généralement creusé au point culminant du jardin, l'attelage chargé d'élever les récipients descend un plan incliné

Puits arabe.

et l'eau se déverse dans un réservoir en maçonnerie d'où partent les multiples petits canaux d'irrigation.

Le palais du *Bardo* était occupé par le Bey Sadok, prédécesseur du Bey Ali, régnant actuel. La salle du Trône, où se font les grandes réceptions diplomatiques, est au Bardo; là aussi est la retraite des femmes de harems des Beys précédents; mais jamais un Bey n'habite le palais dans lequel est mort son prédécesseur.

Au Bardo est installé un Musée archéologique dans des locaux somptueux qui, à eux seuls, valent la visite: c'est d'abord la grande salle des Mosaïques dont le plafond doré est d'une richesse inouïe; on y voit la mosaïque de Sousse, la plus grande connue[1].

L'escalier des Lions conduit à la salle où, au moment suprême, les condamnés à mort

PALAIS DU BARDO. — L'escalier des Lions.

1. Le directeur adjoint du service des antiquités, dont la main est visible dans l'ordonnance des choses du Bardo, n'est autre que M. Eugène Sadoux, collaborateur de la Maison Quantin, pour laquelle il a exécuté les splendides eaux-fortes du grand ouvrage de M. Palustre sur *la Renaissance en France*, dont nous avons donné de nombreuses reproductions typographiques dans les *Guides-Albums du Touriste* précédemment parus.

sont présentés au Bey, qui les interroge et décide de leur sort. A cent mètres du Bardo, le palais de *Kassar-Saïd*, où fut signé le traité du Bardo, est une autre retraite de femmes des familles beylicales. En visitant les appartements, on est frappé d'un détail original : on y voit jusqu'à vingt pendules dans la même pièce ! Il est bon d'ajouter qu'elles sont toutes d'accord : aucune ne va. Le palais est entouré d'une magnifique orangerie aux voûtes de verdure constellées de pommes d'or.

On peut faire encore plusieurs autres promenades autour de Tunis : traversant les coteaux environnants, au milieu d'oliviers séculaires, on découvre *Sebkra-es Sedjoumi;* sur le coteau qui s'élève à l'extrémité du Lac se dresse une ruine colossale percée de trous noirs, anciennes fenêtres d'un palais, d'où la vie s'en est allée, suivant l'usage musulman, avec la dépouille du Bey qui l'avait fait construire. Les chacals, les corneilles, les chouettes et les couleuvres habitent les salles désertes où, il y a quarante ans, se tenait une cour princière, où dansaient les almées aux sons de la *derbouka.*

A trois kilomètres au delà, la belle vallée de l'*Oued-Miliane* est traversée par l'aqueduc romain,

colossal myriapode rampant et la chaîne du *Zaghouan,* Tunis, forme le fond de ce Puis, on arrive aux ruines l'*Oudna* des Arabes... où Enfin l'*Ariana* est une heures, près de Tunis, au le Clamart ou le Montmo-

d'une montagne à l'autre, d'où viennent les eaux de merveilleux panorama, de l'*Uttina* des Romains, il n'y a plus d'habitants ! jolie promenade de quelques milieu des oliviers ; c'est rency des Tunisiens.

Ruines de l'aqueduc romain de l'Oued-Miliane.

6

DE TUNIS A SOUSSE ET A KAIROUAN

Abandonnons pendant quelques jours Tunis, notre quartier général, pour accomplir l'intéressant voyage du Sud : Hammam-Lif, Grombalia, l'Enfida, Sousse, Kairouan, El-Djem, Mahdia, Monastir.

En attendant le chemin de fer, des voitures publiques font le service entre Tunis et Sousse, sur une grande route beylicale.

Le Dar-el-Bey de Hammam-Lif.

Laissant à gauche le coquet village de *Radès*, où de nombreux colons français établissent leurs quartiers d'été, pour respirer et se baigner sur la jolie plage voisine, nous atteignons la double station, — thermale en hiver, balnéaire en été, — de *Hammam-Lif*, qui possède un Dar-el-Bey où la famille beylicale et le peuple viennent se baigner, sous le même toit. Nous touchons à la chaîne de montagnes, dernier rameau de l'Atlas plongeant dans la mer. Au sommet du *Bou-Gornéin*, d'où la vue embrasse un magnifique panorama, on vient de découvrir les restes d'un temple romain.

Voici, à gauche, la rade de la Goulette; puis la route traverse la plus grande exploitation agricole de Tunisie, *Bordj-Cédria*, et longe les anciennes carrières romaines du *Keddel*, encore exploitées.

Le premier arrêt de la diligence est à *Grombalia*, contrôle civil, bourg arabe devenu un centre administratif français, sur lequel débouche *Khangat-Hadjaj*, la vallée où G. Flaubert place le massacre des Mercenaires, dans *Salammbô* :

« Sur l'étendue de la plaine, dit Flaubert, des lions et des cadavres étaient couchés, et les morts se confondaient avec des

A GROMBALIA. — Un café maure.

vêtements et des armures. A presque tous, le visage ou bien un bras manquait; quelques-uns paraissaient intacts encore; d'autres étaient desséchés complètement, et des crânes poudreux emplissaient des casques; des squelettes gardaient leurs manteaux... Les lions reposaient la poitrine contre le sol et les deux pattes allongées, tout en clignant leurs paupières sous l'éclat du jour, exagéré par la

A GROMBALIA. — Fontaine arabe et puits byzantin.

réverbération des roches blanches. D'autres, assis sur leur croupe, regardaient fixement devant eux, ou bien à demi perdus dans leurs grosses crinières, ils dormaient roulés en boule,

Ruines byzantines au Khangat-Hadjaj.

Porte de Grombalia.

et tous avaient l'air repus, las, ennuyés. Ils étaient immobiles comme la montagne et les morts. La nuit descendait ; de larges bandes rouges rayaient le ciel à l'occident... Tout à coup, de petits graviers roulèrent d'en haut, on entendit un frôlement de pas rapides et, du côté de la gorge, des museaux pointus, des oreilles droites parurent ; des prunelles fauves brillaient. C'étaient les chacals arrivant pour manger les restes... » Cette plaine est aujourd'hui pacifiquement couverte des beaux vignobles d'un syndicat composé de seize colons français.

Les arracheuses d'herbes dans un vignoble.

Turki, bourg arabe, *Bir-Arbaïn*, le « puits des quarante voleurs »,
Bir-Arfaï, bordj de relai, nous ramènent au bord de la mer, sur la
côte orientale, près de *Bir-Loubite*, le « puits blanc », autre halte qui
donne bien l'idée d'un « fondouk » ou caravansérail
de campagne. Puis on côtoie de faibles collines :
jadis, sur leurs flancs se touchaient les maisons de

Ksar-Menara, ancien phare arabe.

KÉNATIR. — Le pont arabe et les ruines du pont romain.

plaisance des Romains ; aujourd'hui, ce ne sont que
des ruines tout le long
du chemin, et, les

dominant, un monument romain de grand aspect,
un tombeau sans doute, *Ksar-Menara*, dont des
Arabes avaient fait un phare.

Les *Kénatir*, où l'on voit, du pont arabe, les
ruines voisines d'un pont romain, nous font pénétrer
dans le fameux domaine de l'*Enfida*, l'un des

L'arc d'Aphrodisium.

plus grands du monde : il ne compte pas moins, en effet, de cent trente mille hectares de superficie.

L'Enfida a joué un rôle marqué dans les événements qui ont précédé et suivi l'occupation.

Les Arabes appellent « enfida » l'endroit où les eaux d'un torrent qui descendent de la montagne par les grandes pluies s'étalent dans la plaine et disparaissent, absorbées par le sol; ce nom seul est élo-

Les celliers d'Enfidaville.

quent. Les Romains avaient ici des villes de dix à quinze mille habitants!

C'est le pays où l'on voit les ruines de *Sedjermès*, de *Médiocéra*, d'*Aphrodisium*, dans des sites admirables, à peu de distance de la mer.

Équipe de vignerons arabes.

Sous quelles pierres dorment les Romains opulents, les sybarites couronnés de roses que représente le tableau de Couture ?

Nous laissons à droite *Bou-Ficha*, l'intendance nord de l'Enfida, et, à gauche, *Reyville*, un village créé par la Société *Franco-Africaine*, sous le vocable de son ancien directeur, M. Albert Rey.

Bordj et celliers d'Enfidaville.

Nous voici arrivés à *Enfidaville*, situé à une centaine de kilomètres au sud de Tunis.

Centre des riches cultures, des vignobles aux caves monumentales et aux importants celliers de cet immense domaine, Enfidaville est devenu en quelques années un bourg de cinq à six cents Européens, avec poste, télégraphe, école, chapelle et marché considérable.

Un ancien bordj de l'Enfida.

L'ouverture, prochaine, du chemin de fer qui doit relier ce centre agricole à Tunis et à Sousse en accroîtra considérablement la prospérité et le développement.

Kalâa-Kebira.   DANS LE SAHEL TUNISIEN.   Zériba.

Le bain arabe de Hamman-Zériba.

Le Sahel tunisien. — A une quinzaine de kilomètres au sud de l'Enfida, nous entrons, à *Sidi-bou-Ali*, dans le merveilleux *Sahel tunisien*, un jardin presque ininterrompu de plus de cent kilomètres le long de la côte, avec une population aussi dense que celle de nos meilleurs départements français. D'où vient cette agglomération? De la richesse de la contrée, de l'olive! On donne le nom de « Sahel » aux collines côtières de l'Afrique septentrionale : le massif de collines situé entre la mer et la plaine de la Mitidja, où se trouve Alger, constitue le Sahel algérien ; le Sahel tunisien longe la côte orientale de la Régence, et il n'est ni moins riche ni moins planturenx que celui d'Algérie.

La ville de *Sousse* peut être considérée comme la capitale du Sahel tunisien, convert d'oliviers, figuiers, caroubiers, amandiers et abricotiers chargés de fleurs, de fruits et peuplés de pinsons, de

Rivière de Hammam-Zériba.

chardonnerets, de verdiers, d'alouettes, de bruants, de tarins et de linots qui emplissent l'air de leurs gazouillements. Les villes arabes de 4,000 à 12,000 âmes fourmillent dans ce pays de Cocagne ; ce sont, avant d'atteindre Sousse, *Sidi-Bou-Ali*, *Hergla*, *Hammam-Soussa*, *Kaléa-Kébira*, *Kaléa-Sriva*, *Akouda*, et, à la hauteur de Sousse, *Zaouiet-*

Takronna.

7

Soussa, *M'Saken*, etc. Au delà de Sousse, vers le sud, *Djemal*, *Moukenine*, *Monastir* et *Mahdia* (de vraies villes), *Lemta*, *El-Djem*, *Ouardenin*, *Bou-Mardès*, *Menzel*, *Zarmedin*, *Ksoursef* et d'autres encore.

Sur la route de l'intérieur, par Zaghouan, on rencontre *Hammam-Zériba*, bain arabe fréquenté, qui fut un bain romain ; le pittoresque village de *Zériba*, assis entre deux montagnes ; les ruines de *Battaria*, d'*Aïn-M'Deker* et *Takrouna*, juché sur un piton isolé, dominant la vaste superficie de l'Enfida.

Sousse est en passe d'un sérieux développement ; desservie deux fois par semaine par mer, en une nuit, par la Compagnie transatlantique et par les bateaux italiens, cette ville, centre et port d'une richissime contrée qui envoie chaque année en France pour des millions d'huile d'olive, a reçu, il y

La ville de Sousse vue de la mer.

a quelques années, une vigoureuse impulsion grâce à la création de grandes usines dans lesquelles on traite les olives et les grignons du pays selon les derniers procédés de fabrication.

Sousse, vu de la mer, donne

Sousse. — La porte de la Kasbah.

Les oliviers.

Les laveuses de laine.

bien l'idée d'une ville orientale, avec ses maisons blanches qui se détachent sur le ciel bleu; ses remparts sont bien des remparts sarrasins. Malheureusement, les justes exigences de la population et du commerce ont amené le renversement du front est de ces remparts, derrière lesquels la ville étouffait : tout le monde y gagnera, sauf le pittoresque.

Partout où la grève est abordable s'offre un spectacle nouveau : les femmes indigènes, visage découvert

La cueillette des olives.

—

Dans le Sahel tunisien.

Le triage fait par les femmes nomades.

Un moulin arabe.

et jambes nues, dansent au-dessus de paquets de laine ou de linge, qu'elles piétinent pour les laver à l'eau de mer.

La ville est intéressante à parcourir, les minarets de ses mosquées ont un beau caractère. De la Kasbah, qu'il faut visiter, la vue sur la ville est magnifique, et l'on y domine la masse sombre des oliviers du Sahel, sur laquelle se détachent les villes blanches. Dans quelques années, lorsque Sousse aura son port, il

SOUSSE. — Bab-Djedid.

verra doubler son commerce et sa population, d'environ 15,000 habitants à l'heure présente.

Les dimanches, le Tout-Sousse se réunit sur la Marine, autour du kiosque occupé par la musique du 4e tirailleurs.

On voit aux abords de la ville beaucoup de nomades venus en caravanes : auprès de *Bab-er-R'arbi*, la « porte du Couchant » par où les paysans apportent les denrées à la ville ; ou bien auprès de *Bab-Djedid*, la « porte Neuve »

SOUSSE. — La place du Marché.

que l'on aperçoit de la mer, au milieu des remparts appelés à disparaître, et qui est fort curieuse avec sa décoration polychrome à damiers rouges et jaunes.

Sur la place du marché, sans cesse le mot *zitoun* frappera vos oreilles. Zitoun, c'est l'olive ! Le passé, le présent, l'avenir du pays se résument en ce mot : Zitoun ! L'olivier est l'arbre bienfaiteur de cette merveilleuse contrée : il donne l'ombre à celui que le soleil menace; il produit le bois très apprécié en ébénisterie et le meilleur pour la construction des charrues et pour la charronnerie; ses racines et ses vieux troncs deviennent un bois de chauffage excellent. Il produit l'olive! Il donne l'huile, la base de l'alimentation du peuple arabe, dont il fournit à l'exportation des millions de kilogrammes; c'est de lui que proviennent le

Le transport des barriques d'huile par chapelets flottants, à bord des transatlantiques.

savon, les plus fines huiles à graisser et la glycérine. Est-il surprenant que les anciens aient divinisé l'olivier, qu'ils en aient fait l'attribut de la belle Minerve, le symbole de la paix?

La cueillette des olives, commencée en novembre, ne se termine guère qu'en mars; dans tout le Sahel, c'est une sorte de fête équivalente à nos vendanges. Les olives sont triées et nettoyées par des femmes aux voiles rouges ou blancs; puis, mesurées au *kaffis*, elles sont portées par les indigènes aux *maceras*, c'est-à-dire aux huileries.

SPAHI-GENDARME TUNISIEN.   FEMMES NOMADES.

La grande rue de Kairouan.

De Sousse à Kairouan. — Un Decauville part le matin de Sousse pour Kairouan, de la stationnette située au delà de la porte de la Marine. Ce petit chemin de fer « provisoire », improvisé par le génie militaire lors de l'occupation en 1881, et depuis exploité par la Compagnie de Bône-Guelma, aura fait ses preuves pendant douze années. Il sera bientôt remplacé par une voie définitive.

De magnifiques plantations d'oliviers couvrent la contrée jusqu'à la halte d'*Oued-Laya*; avant *Sidi-el-Hani*, la voie traverse les ruines de quelque cité disparue, sur laquelle les champs d'orge et de blé étendent leur manteau d'émeraude. A gauche, la grande *Sebkra*, « lac salé » de *Sidi-el-Hani*, couvre une étendue de plus de 70 kilomètres.

Lorsque l'on approche de Kairouan, le chemin de fer franchit des steppes et des marais. Parfois, des chevaux tirent le train à plusieurs mètres en contre-bas, traversant le lit desséché des oueds, tandis que les wagonnets passent sur les ponts.

Bientôt apparaissent les magnifiques murailles

crénelées, les nombreuses coupoles et les minarets de Kairouan. C'est la ville sacrée, fantastique même... bien orientale; et ce n'est pas sans un grain d'émotion que nous pénétrons dans la cité sainte du nord de l'Afrique, par *Bab-Djelladine*, la « porte des Tanneurs », dont les jolies colonnettes encastrées supportent la double ogive. C'est par cette porte que l'armée française fit son entrée le 26 octobre 1881; elle donne accès à une grande rue irrégu-lière, parfois large, qui traverse la ville en ligne droite, du sud au nord, jusqu'à *Bab-Touns*, « la porte de Tunis ». On y voit, dès l'entrée, une belle école française, puis la maison du gouverneur; plus loin, à droite, la Halle aux grains soutenue par des fûts et des chapiteaux de colonnes romaines. Au-dessus de ce marché couvert, un grand bâtiment, à l'une des fenêtres duquel on voit souvent passer la tête placide d'un chameau, — à la hauteur d'un troisième! C'est que le brave quadrupède, monté à l'étage supérieur par un plan incliné, fait tourner le manège élévateur du fameux puits qui alimentait presque seul la ville avant la récente

Indigènes de Kairouan.

adduction. Une fiction religieuse fait communiquer ce puits avec celui de la Mecque; d'où la sainteté de la ville; en réalité, il est profond de quarante mètres.

Au fond d'une ruelle voisine, le siège du contrôle civil; presque en face, la mosquée *El-Bey*, où le muezzin annonce la prière... du haut d'une terrasse élevée de quelques mètres, et non du haut du minaret.

KAIROUAN. — La Halle aux grains et le Puits du chameau.

La rue, qui s'élargit, est couverte d'échoppes, animée de marchands et de passants.

Bab-Touns', fort belle à l'extérieur, n'est elle-même qu'un petit bazar, avec des boutiques entre les deux portes qui ouvrent sur la vaste place du marché *El-Berrani*, marché « des étrangers ».

Mais rentrons en ville et prenons à gauche, longeant à l'intérieur la Kasbah et le bastion ; nous voici devant le portique de la *Grande Mosquée*, qui excite singulièrement la curiosité du touriste. Bizarre anomalie, toutes les mosquées de Tunisie sont fermées devant les chrétiens, sauf celles de la Ville Sainte ! Cela tient à ce que nos soldats y ayant pénétré en 1881 pour y établir des ambulances, les théologiens musulmans de Kairouan jugèrent les mosquées ainsi profanées et pensèrent que ce n'était plus la peine d'en interdire l'accès aux *roumis*, « chrétiens ».

La Grande Mosquée, *Djamáa-Sidi-Okba*, — du nom du conquérant, son fondateur, qui est allé se faire tuer non loin de Biskra par un parti de Berbères chrétiens, — occupe un vaste rectangle, allongé du nord au sud, entouré de hautes murailles consolidées par d'épais contreforts. Le tout, blanc comme neige, se détache sur un ciel d'un bleu intense.

Entrons. Voici d'abord la cour, immense, imposante, entourée d'un double cloître supporté

KAIROUAN. — Le portique de la Grande Mosquée.

par des colonnes romaines et byzantines ; la variété des chapiteaux présente le plus vif intérêt. La cour, sous laquelle règne une grande citerne, est dallée en marbre avec pierres tumulaires antiques, entre lesquelles pousse l'herbe qui fait des dessins verts sur ce fond blanc. Dans la hâte de sa construction, des pierres romaines ont été encastrées dans la galerie nord du cloître, avec les inscriptions à l'envers. De là s'élève le minaret d'où le panorama est magnifique sur la ville ; à l'ouest, la chaîne de montagnes s'étendant vers le Zaghouan qui s'estompe au nord ; de tous les autres côtés, la plaine immense.

La mosquée proprement dite est greffée sur le côté sud du cloître, couronnée par une koubba à côtes de melon. De superbes colonnes de marbre rosé précèdent la grande porte en bois, d'un dessin arabe précieux; l'intérieur tient du prodige : on y compte dix-sept nefs supportées par près de deux cents colonnes en onyx, en porphyre, en marbre, qui luttent de richesse et dont les chapiteaux constituent la plus merveilleuse collection de styles. Les lustres sont remarquablement beaux; la niche sacrée, *mihrab*, vers laquelle s'orientent ceux qui prient, est superbement sculptée. La chaire, *mimbar*, est composée de panneaux assemblés au hasard, mais qui, pris isolément, sont des chefs-d'œuvre de sculpture en bois, fort anciens.

A droite et à gauche de l'endroit sacré s'élèvent d'admirables colonnes en porphyre accouplées. Les Arabes se dévêtissent et passent entre ces colonnes pour se guérir des rhumatismes : ceux qui ne parviennent pas à se laminer dans cet étroit passage sont réputés indignes du paradis. Malheur à ceux qui se font un dieu de leur ventre !

Après avoir visité la *Mosquée des Trois-Portes*, dans la façade de laquelle des fragments de sculptures byzantines composent des frises, et la *Mosquée des Sabres*, bâtie par un derviche mort il y a une trentaine d'années et qui avait été forgeron, il faut sortir par la porte de Tunis

Le minaret de la Mosquée
de *Sidi-Sahab*,
le barbier du Prophète.

pour aller visiter la fameuse *Mosquée de Sidi-Sahab*, le barbier du Prophète, enterré là avec trois poils de la barbe de Mahomet. Cette mosquée est peut-être la plus intéressante de Kairouan, avec ses cours aux cloîtres ornés de faïences et son élégante galerie d'entrée. Le sanctuaire, tout couvert

A KAIROUAN.

Une partie d'échecs dans les Souks.

de riches tapis, est des plus curieux : au-dessus du tombeau, entouré de drapeaux, pend un lustre de Venise. Non loin de la mosquée du Barbier se trouvent les *Bassins des Aglabites*, grands comme de petits lacs, aujourd'hui réparés et remplis pour l'alimentation de la ville par l'eau amenée du *Chérichérat*.

Kairouan, où aboutissent de nombreuses caravanes du centre et du sud de la Régence, est tout à fait arabe par sa population, encore peu mélangée d'Européens. Les écoles franco-arabes y sont très suivies.

A l'ouest, hors de l'enceinte, se trouve le faubourg des *Zlass*, tribu assez turbulente, jadis en hostilité avec la ville. Aussi montre-t-on encore, dans la rue des *Chorfas*, une poterne en S, seule communication qui restait entre la ville et ce faubourg,

KAIROUAN. — Un marchand de primeurs.

Un puits arabe.

Le labourage dans le Sahel.

lorsqu'un conflit nécessitait la fermeture des portes. Cette forme en S et l'exiguïté du passage ne permettaient pas à un Zlass en rébellion de rentrer en ville armé d'un long fusil.

Kairouan est entouré de buttes qui ne sont autre chose que l'amoncellement des gadoues de la ville, et tel était le fanatisme de certains musulmans

La tonte des moutons.

faisaient enterrer dans
plutôt que de reposer
Revenus à Sousse
ne quitterons pas
El-Djem et les villes
Nous voilà donc partis
Soussa et *Kerker*. La
de nombreuses char-

de la contrée, qu'ils se
ces buttes immondes
loin de la ville sainte.
par le Decauville, nous
le pays sans visiter
du Sahel méridional.
dès l'aube par *Zaouiet-*
campagne est nue ;
rues, traînées par des

chameaux, préparent les terres profondes pour la récolte prochaine. Les laboureurs travaillent, non chacun sur son champ, mais tous sur le champ d'un seul, sorte de collectivité connue dans le nord de l'Afrique sous le nom de *mahonne*. Cela forme, avec les nombreux chameaux qui se croisent, des groupes fort pittoresques.

Enfin, vers une heure, nous apercevons du côté du sud la silhouette du fameux amphithéâtre d'*El-Djem*, que ses proportions colossales placent entre le Colisée de Rome et les Arènes de Nîmes (le grand axe extérieur est de 148 ^{m},50, — l'axe de l'arène, de 65 mètres). Ce monument extraordinaire, loin de toute ville, auquel est accolé un pauvre village arabe, donne la sensation d'une chose anormale et monstrueuse. L'édifice, très imparfait dans ses détails, paraît superbe au milieu de ces plaines immenses, doré sous le soleil, ou fantastique et saisissant sous les rayons d'argent de la lune. Il était décoré extérieurement de quatre étages d'arcades séparées les unes des autres par des colonnes composites; il n'en reste que trois rangs, dont la hauteur totale est d'environ 35 mètres. Disparus, les gradins et les escaliers, dans les guerres pendant lesquelles ce monument était transformé en forteresse;

Devant l'amphithéâtre d'El-Djem.

c'est là que la Cahéna, une héroïne qui défendait le pays contre l'invasion musulmane à la tête des

Berbères chrétiens et païens, résista longtemps. Finalement, un bey de Tunis fit éventrer l'amphithéâtre, du côté ouest, afin qu'il fût désormais impropre au refuge qu'y trouvaient les rebelles.

Amphithéâtre et village d'El-Djem.

Des fouilles ont mis au jour, dans le voisinage de l'édifice, un chapiteau en marbre blanc colossal, des fûts de colonnes, des traces de maisons et de temples, qui prouvent que la *Thysdrus* romaine, située à l'ouest de l'amphithéâtre, était une cité de certaine importance. En hiver, après les pluies, l'on trouve dans les champs labourés autant de fragments de porphyre, de marbres rares, de débris de sculptures et de poteries, que l'on trouve de cailloux dans d'autres champs.

Le lendemain, dès la première heure, nous prenons la direction de la mer pour revenir à Sousse. Après avoir traversé les terrains de parcours du *Souassi*, nous sommes chez les *Metleli*. C'est le pays des fantasias.

Il n'est point de fêtes complètes en Tunisie sans *fantasia!* Les fantasias tunisiennes ressemblent aux carrousels du moyen âge : alors l'ample gandoura et le burnous flottant disparaissent, le vêtement tout entier s'ajuste au corps, le pantalon bouffant s'arrête aux genoux et retombe sur de belles bottes en maroquin rouge brodées d'or; autour du turban est enroulé le haïk en soie blanche rayée que fixent des cordons aux gros glands d'or. Le cheval est orné de plastrons colorés et recouvert d'une longue housse à larges bandes en brocart aux tons éclatants. Quel spectacle, lorsque toutes ces couleurs tourbillonnent, lorsque tous les ors étincellent sous le beau soleil d'Afrique !

Traversant le gros bourg de *Ksour-ès-Sef*, entouré de plaines fertiles qu'arrosent des puits à bascule, aux grands bras, nous voici en plein pays arabe, chez les nomades. En Tunisie, il est un être digne de pitié, c'est la femme nomade. Tandis que le mari cavalcade, hume le kaoua ou grille la cigarette, elle va quérir l'eau dans les outres, souvent à de grandes distances, porte des charges de bois ou de fourrages invraisemblables, tisse les étoffes des habits et les toiles des tentes; pendant la marche de la caravane, elle porte l'enfant et trotte, pieds nus, au milieu des bêtes de somme dont elle

Tenue de fantasia.

partage la destinée. Mais elle se promène à visage découvert, tandis que la femme des villes est privée de toute liberté et s'atrophie dans une oisiveté mortelle. Tout n'est pas « roses » pour la musulmane !

De magnifiques jardins d'oliviers nous amènent à *Mahdia*, ville du Mahdi, aujourd'hui petite, très propre, placée au point où une presqu'île d'un kilomètre de longueur se détache de la côte pour s'avancer dans la mer. Dans cette position originale, il arrive que lorsque la mer est démontée d'un côté, elle

Avant la fantasia.

apparaît calme de l'autre. Le Cothon, port antique, et des tombes phéniciennes creusées dans le roc, sont encore visibles sur les bords de la presqu'île, dominée par un fort turc derrière lequel s'élève un phare nouvellement édifié. Çà et là, on remarque les tombes arabes, parce qu'elles portent, en tête, un pied de scylle qui leur fait un panache vert d'où s'élance, au printemps, une belle hampe fleurie.

Le bord de la mer est couvert de jardins magnifiques, piqués de blanches villas.

Voici *Lemta*, qui fut la *Leptis parva* ou *Leptis minor* des Romains : il n'en reste qu'une bourgade de peu d'importance et des ruines tout autour. Plus loin, c'est *Téboulba*, charmant village situé au milieu de jardins, d'où Sousse, les villes du Sahel et même Kairouan reçoivent les oranges, les mandarines et les citrons. A côté se trouve *Thapsus* (*Ras-Dimas*), où César a battu Scipion et Caton. De là, nous gagnons *Monastir*, escale de la Compagnie transatlantique, comme Mahdia.

Exercices équestres d'une fantasia tunisienne.

Monastir, qui compte près de 6,000 habitants, est entouré de murailles fort anciennes : une partie de l'enceinte date de l'époque byzantine. Du côté de la mer la ville apparaît grandiose, du côté de la terre l'aspect est charmant ; sur les mosquées et même sur des maisons, beaucoup de faïences ; le cimetière est extraordinairement pittoresque, avec ses marabouts que couvrent des figuiers ou que coiffent des palmiers. Au sortir des jardins qui entourent Monastir à l'ouest, on traverse une petite oasis de palmiers, et l'on passe sur une chaussée pratiquée à travers un lac salé ; bientôt on aperçoit le minaret de la Kasbah de Sousse.

Revenons par mer à Tunis : nous embarquons le soir à Sousse, et notre paquebot mouille à la Goulette le lendemain, à pointe du jour.

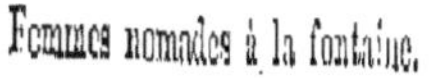

Femmes nomades à la fontaine.

MONASTIR. — Porte intérieure.

Labour de défoncement pour vignoble.

A CARTHAGE

A SIDI-BOU-SAID ET A LA MARSA

Débarqués à *la Goulette*, au retour de Sousse, nous irons à Carthage avant de rentrer à Tunis.

Tout le long de la côte, à la Goulette-Neuve, annexe balnéaire de la Goulette, où les baigneurs surabondent en été, à *Kheir-Eddin*, au *Kram*, ce ne sont que villas fleuries et, au loin, les falaises rouges du cap où est assis le joli village de Sidi-bou-Saïd. A *Douar-ech-Chott*, on est à la hauteur des ports militaire et de commerce de Carthage, encore visibles, puis on pénètre dans l'emplacement du cirque de l'antique capitale carthaginoise. Traversons la voie, après la petite gare de *Saint-Louis-Malga*, pour visiter le curieux cimetière des affranchis. Montons sur la colline fameuse de *Byrsa*, célèbre par le suicide passionnel de Didon et par la mort de saint Louis.

Les vendanges dans un vignoble tunisien.

De la porte du jardin des Pères Blancs, on découvre la plaine admirable qui borde le golfe de Tunis aux flots éclatants. A l'horizon, le Bou-Gornéin avec ses deux pointes, l'immense rocher du Djebel-Ressas, un siège de géant, et, tout au fond, la silhouette du Zaghouan dont les eaux abondantes répandent la fertilité au loin; vers le nord, Sidi-bou-Saïd, couché sur des falaises qui semblent creusées dans des blocs de cuivre rouge, sous un ciel d'un bleu exquis !

Le jardin au milieu duquel s'élève la petite chapelle de Saint-Louis, et dont les grands pins abritent une flore perpétuelle qui ne connaît pas les hivers, est une terre française depuis plus d'un demi-siècle, ayant été cédée en 1830 à la France pour l'édification de la chapelle commémorative de la mort de Louis IX.

A côté de cet enclos, vers l'ouest, s'élève la cathédrale pri- matiale récemment construite par feu le cardinal Lavigerie :

La Cathédrale de Carthage.

l'édifice, qui domine la plaine, produit un grand effet à distance; de près, il paraît un peu trop composite, dérivant à la fois du byzantin, du roman et de l'arabe. Le cardinal a fait enluminer l'intérieur de l'église par des peintres indigènes, selon la mode arabe, à la façon d'une mosquée : comme pour montrer aux musulmans que le dieu à honorer est indifférent au style dont on l'honore.

Le rez-de-chaussée du bâtiment mauresque, dans lequel est le séminaire, a été transformé en un musée d'antiquités puniques et romaines de premier ordre par les efforts d'un savant, le P. Delattre.

Les principaux temples, les bains de Didon et la maison d'Annibal étaient situés entre la colline et la mer, vers le nord. Là, d'autres citernes ont été découvertes, si bien conservées que la Compagnie des Eaux a pu les remettre en état pour alimenter la banlieue du cap de Carthage.

En quittant Byrsa, on va visiter les ruines de la basilique de Saint-Cyprien, et, de là, on gagne *Sidi-bou-Saïd*, qui apparaît blanc comme neige, juché sur ses rochers cuivrés. Nulle part on ne verra de ville arabe plus pure, plus blanche, plus mystérieuse et plus pittoresque.

Les canons du Bey, au fort de la Goulette.

Lorsque saint Louis fut près de succomber à la peste qui ravageait son armée, Allah fut ému. Un homme si vaillant, si juste et si bon ne pouvait mourir dans *l'infidélité* musulmane, — question de latitude ! Deux anges prirent leur vol vers Byrsa, convertirent *in extremis* saint Louis à l'islam en faisant tomber le voile qui cachait « la vraie foi » aux yeux du pauvre chrétien, puis le portèrent à Sidi-bou-Saïd, où il repose sous la mosquée. De cette façon, le deux fois bienheureux Louis est vénéré par les musulmans à un kilomètre de l'église que lui ont élevée les chrétiens. Peu de saints ont pareille fortune !

Un chemin charmant, passant devant l'ancienne Résidence et le beau vignoble du cardinal Lavigerie, nous amène à la *Marsa*.

En face de la gare, une large avenue conduit au palais de Son Altesse le Bey Ali ; le chemin des piétons traverse la cour

Le bain des Princesses.

A LA MARSA. — Le marabout de Sidi-Sala.

du palais beylical, que ses canons font ressembler à un parc d'artillerie. Une autorisation du Secrétaire général du Gouvernement tunisien nous permet de visiter les jardins et quelques appartements... au son de la musique du Bey, dont les mélopées enchevêtrées et mélancoliques poussent à la rêverie.

Au delà du palais beylical, on entre dans une rue plantée d'arbres qui donne bien l'idée d'une station balnéaire : au bout de la rue, la place, et, sur la place, le café du *Saf-Saf*, le café de la Source du peuplier, au centre duquel un chameau fait tourner le manège d'un puits.

De là, on descend tout droit vers la mer, où se trouvent de pittoresques villas, le bain des femmes, le bain des princesses et le kiosque de la Résidence générale. Sur le rivage émergent les traces des grands quais de Carthage et, au large, l'énorme rocher de *Djamour*, « Cimbra », une île qui ressemble à une épave colossale flottant à l'horizon.

Remontant, nous arrivons devant la porte arabe du palais d'été du Résident général de la République française. O dérision du sort !

A LA MARSA. — Le Palais d'été de la Résidence générale.

Janissaire
de la Résidence.

M. Massicault s'était plu à transformer délicieusement le séjour où subitement il devait mourir en novembre 1892 ! C'est un palais arabe, gracieux et pittoresque, au milieu d'un jardin plantureux.

Janissaire de Consulat.

Tout à côté de la villa d'été du Résident général se trouve un marabout très curieux dont la *koubba*, la « coupole », recouvre le tombeau de Sidi-Sala, orné, suivant l'usage musulman, de drapeaux et de lanternes. Le domaine de France est le voisin du prince Taïeb, héritier présomptif; tout proche, le Consulat général d'Angleterre tient son quartier d'été dans un palais, d'un grand caractère architectural, mais plutôt syrien que tunisien par son ornementation.

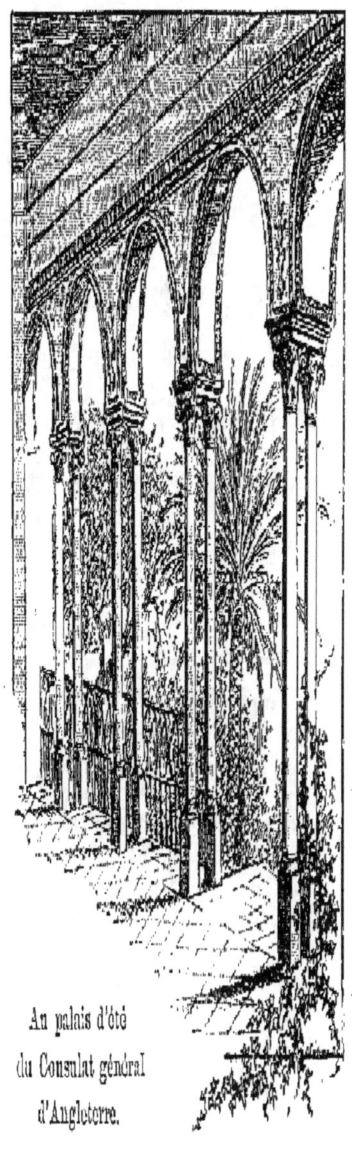

Au palais d'été
du Consulat général
d'Angleterre.

Le labourage dans la campagne tunisienne.

De la Marsa, le train nous ramène, à travers la campagne tunisienne, en trente-cinq minutes à Tunis.

EXCURSION A BIZERTE

Le voyage de Bizerte présente un double intérêt, tant au point de vue de l'histoire de l'occupation de la Régence qu'en raison de l'avenir de notre belle colonie. C'est là que débarqua le général Bréart, pendant que s'éternisait l'expédition en Khroumirie ; de là, il ne fit qu'un bond jusqu'au palais de Kassar-Saïd, où il présenta à la signature du Bey Sadok le traité qui devait mettre la Tunisie sous le protectorat de la France.

Dans un avenir très prochain, Bizerte sera l'un des plus beaux ports de la Méditerranée, complétant une vraie couronne maritime avec Tabarka, Tunis, Hammamet, Sousse, Monastir, Mahdia, Sfax, la Skrira, Gabès, Djerbah ; mais Tunis et Bizerte seront les perles de la couronne.

Le Haras de Sidi-Tabet.

La route de Bizerte s'engage entre le Bardo et Kassar-Saïd, passe dans d'admirables forêts d'oliviers et de caroubiers, devant la *Sébala*, qui fut une étape de la brigade Bréart, traverse le domaine de Kheir-Eddin, franchit le pont arabe monumental jeté au-dessus du cours limoneux de la *Medjerdah*, laisse sur la gauche, à environ cinq kilomètres, le fameux Haras de Sidi-Tabet, appartenant à la *Société Franco-Africaine*; puis, sur la droite, le domaine d'*Utique* et les ruines de l'antique cité, témoin du suicide de Caton; file dans des cols, gravit des collines. Enfin, montant à un curieux village, *Menzel-Djemil*, bâti sur un banc d'huîtres fossiles, la route vient aboutir à la rive-est du chenal nouveau qui met le lac en communication avec la mer.

Un joli bac à vapeur nous dépose sur la rive opposée, où se sont groupés les chantiers

Le bac à vapeur conduisant aux nouveaux quais de Bizerte.

de la *Compagnie du port de Bizerte*. Tout à côté se construit une ville maritime à laquelle le chenal sert de port; là, les navires accosteront au quai ouest, devant des docks et des magasins voisins de la gare. La ville nouvelle s'élève comme par enchantement à la place même où les mulets, les loubines et les dorades folâtraient en eau tranquille : car l'emprunt fait au lit du chenal a servi à combler cette queue du lac, au pied des vieux remparts, et à créer le terre-plein sur lequel se groupent déjà les bâtiments administratifs, l'église, les hôtels d'une ville européenne.

L'ancienne ville, coupée de canaux, était une sorte de Venise barbaresque.
Le grand canal a été conservé pour servir de darse aux petits bateaux; mais des
raisons d'hygiène publique ont fait combler le plus petit, sur
lequel un pont en pierre garde encore son allure vénitienne.
Quelques jolies fontaines, un souk en tunnel sur le bord du quai,
les blanches et imposantes murailles crénelées de la Kasbah
reflétées dans le grand canal et d'intéressants minarets sont les

BIZERTE. — Le terre-plein du petit canal.

curiosités de la ville arabe, dominée par un vieux fort espagnol.
Le camp français est situé sur un mamelon, au sud de la ville.

Au pied de la Kasbah se détache une digue colossale, portant son musoir à un kilomètre au large et protégeant les navires mouillés dans l'avant-port contre les mauvais vents de nord-ouest et d'ouest. L'avant-port est complété par une seconde digue partant de la route de Tunis et aboutissant à deux cents mètres de sa voisine d'en face, par des fonds de treize mètres qui permettront aux plus grands navires de mouiller dans ces eaux tranquilles.

La Compagnie du port de Bizerte a trouvé les blocs naturels et artificiels, nécessaires à la construction de ces digues, en ouvrant une superbe carrière située à quatre kilomètres de l'avant-port, dans un

Sur le quai de Bizerte. — Une fontaine.

site ravissant, et reliée aux chantiers par un petit chemin de fer.

Le lac est un des plus poissonneux du monde ; il alimente le marché de Tunis pour la plus grande partie du poisson qu'on y apporte. Le gibier d'eau y foisonne, et les barques rentrent à Bizerte chargées de sarcelles, de canards, de macreuses, de foulques, de grèbes, de hérons tombés sous les fusils des chasseurs.

Comme bon nombre de villes privilégiées d'Algérie, Bizerte, grâce à la douceur de son climat, deviendra bientôt ce que l'on appelle un « nid de retraités » ; les jardins des environs sont en grand renom dans toute

Un Souk en tunnel.

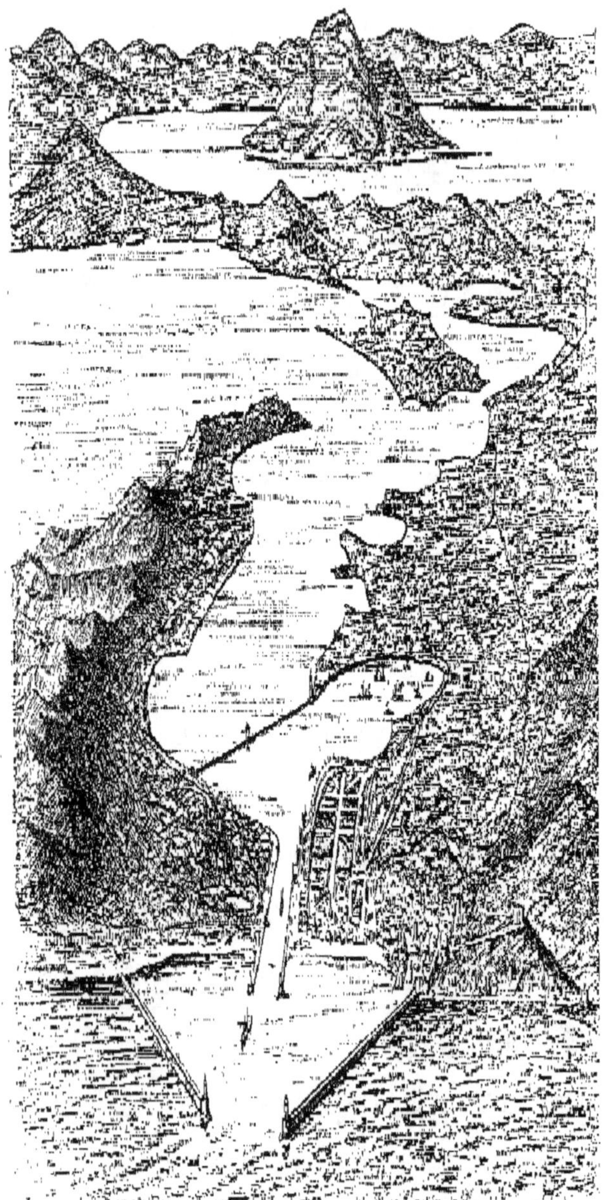

BIZERTE. — L'avant-port, la ville nouvelle, le lac et le mont *Echkeul*.

la Tunisie pour les fruits exquis qu'ils produisent, les raisins surtout, et déjà l'on peut voir poindre l'aurore de leur réputation sur les carrés des Halles de Paris.

Il est vraiment réjouissant de constater avec quelle rapidité s'y accroît la population européenne, française surtout, sous la puissante poussée donnée par la Compagnie du port : c'est à grand'peine que les nouveaux venus trouvent à se loger. La Tunisie, comme l'Algérie, nous habitue à ces phénomènes de développements extraordinairement rapides : Gabès, Sfax, Sousse, Tunis, Bizerte, Tabarka, Souk-el-

BIZERTE.

—

Le grand canal
vu
du quai de la Douane.

Arba, Grombalia, toutes écloses d'hier, en sont des exemples frappants. Une délicieuse promenade à faire en voiture est celle de l'*Oued-Tindja* et du *Djebel-Echkeul* : on côtoie le lac sur sa rive occidentale et l'on traverse des plaines incultes, cultures de demain, où le gibier foisonne, où les tortues de terre abondent. On ne rencontre qu'un seul petit village jusqu'à l'*Oued-Tindja*, auquel on arrive en trois heures, mais c'est tout une surprise : d'abord des ruines romaines considérables, puis des rives couvertes de lauriers-roses et de grands figuiers; sous l'un d'eux s'abrite un tout petit marabout, haut d'un mètre, niche minuscule protégeant une tombe vénérée, où nous voyons brûler une bougie votive et sur laquelle flottent des fragments d'étoffes aux vives couleurs. Aux bords de la rivière, d'innombrables tortues d'eau sortent leur tête, attendant qu'on leur jette des reliefs de couscouss ou de fruits, qu'elles emportent aussitôt au fond de leur retraite.

Voici le gué de l'Oued-Tindja, toujours si pittoresque, soit que des passagers couvrent le bac, soit que, hardiment, les voyageurs le traversent à cheval,... ou à pied, dans un costume plus que primitif, le ballot des vêtements placé sur la tête.

De l'autre côté, vers l'embouchure, un pic de six cents mètres émerge d'un second lac, imposant, surprenant : c'est le Djebel-Echkeul.

L'Oued-Tindja, qui compte cinq kilomètres, relie les deux lacs; il a cela de particulier que tantôt il coule vers l'est, tantôt vers l'ouest. Son orientation normale est naturellement celle de l'est, vers la mer; mais, lorsque le grand soleil d'Afrique évapore, en été, les eaux de l'arrière-lac, celui-ci voit son niveau s'abaisser au-dessous du lac de Bizerte : alors le courant se renverse et l'eau de l'Oued-Tindja coule vers l'ouest.

C'est ici que passera le chemin de fer de la *Djedeida*, de Tunis à Bizerte, auquel la pioche est mise; la voie nouvelle traversera *Mateur*, gros bourg et très grand marché indigène, centre d'une contrée plantureuse.

DE TUNIS A CONSTANTINE

C'est par la *Gare française,* — ainsi nommée pour la distinguer de la gare du *Rubattino,* qui est italienne, — que nous quittons définitivement Tunis pour prendre le chemin de fer de l'Algérie, la ligne principale du réseau de Bône à Guelma. Autour de cette gare se trouve un jardin magnifique où la Compagnie de Bône-Guelma a établi ses pépinières : car

La Gare française de Tunis.

Le fort des Andalous.

elle met une grande et louable ardeur à l'acclimatation des plantes et des arbres, et à la plantation de véritables bois le long de ses voies ferrées.

Aux premiers tours de roue, le train traverse le faubourg, passe derrière la porte *Alleoua,* longe les nouveaux

Le barrage romain de Djedéida.

Abattoirs et la Manufacture des Tabacs, dominés par le fort *Sidi-bel-Hassen*, que nous occupons, et qui bat tout à la fois le port, trois routes importantes et la ville entière. Presque aussitôt la voie s'engage sous un tunnel de 361 mètres, au sortir duquel on a, à sa gauche, le grand lac salé, *Es-Sedjoumi*, presque à sec en été ; à droite, les forts *Filfil* et des *Andalous*, — ce dernier ruiné en 1888 par l'explosion de la poudrière beylicale.

A droite encore, le grand aqueduc construit par les Espagnols ; mais voici les énormes constructions du *Bardo*, donnant plutôt l'idée d'une ville que d'un palais, puis *Kassar-Saïd*.

Premier arrêt à la *Manouba*, dont les

La place de Tébourba.

nombreuses villas parfumées par les orangers offrent une agréable garnison à une partie du 4e chasseurs d'Afrique. La *Djedeïda* est remarquable par un barrage romain encore utilisé ; c'est à ce point que s'embranche la ligne de Tunis à Bizerte.

Tébourba, à gauche, avec ses maisons couvertes en tuiles, est un

Tébourba.

joli bourg d'origine andalouse ; à six kilomètres, à droite, le grand domaine de *Schuiggui*, avec 350 hectares de vignes appartenant à une Société française. Puis se succèdent *Medjez-el-Bab*, également d'origine andalouse, point d'intersection de plusieurs grandes routes ; *Oued-Zargua*, station très pittoresque, au pied du domaine du même nom : les vignobles d'Oued-Zargua, ceux que la Compagnie de Bône-Guelma a plantés le long de la voie et ceux de feu le cardinal Lavigerie sont les plus anciens vignobles français de Tunisie. La jolie gare d'Oued-Zargua a été, lors de l'occupation, le théâtre d'un drame sanglant : un parti de fanatiques a surpris et égorgé le personnel européen et a incendié les bâtiments.

La place de Medjez-el-Bab.

Pont romain sur l'Oued-Béja.

A partir de là, le pays devient accidenté à ce point qu'il n'a pas fallu construire moins de neuf ponts et un tunnel sur un parcours de vingt kilomètres.

Béja-Gare est relié à *Béja-Ville* par un embranchement de quatorze kilomètres.

Béja est le centre d'une contrée privilégiée, d'un des pays les plus cultivés et les plus fertiles du nord de l'Afrique, ses céréales sont renommées ; cette ville, encore entourée de trois côtés par de vieux remparts byzantins, est bâtie en amphithéâtre contre le *Djebel-Acheul*, et dominée par la Kasbah qui renferme une belle source. C'est le siège d'un poste militaire commandant la Khroumirie orientale.

Souk-el-Kemis, marché important, centre de colons français, et, plus loin, *Ben-Béchir*, nous amènent à *Souk-el-Arba*, où la ville du Kef prend contact avec le chemin de fer et qui est le point de ravitaillement d'*Aïn-Draham* et de *Tabarka*, en Khroumirie occidentale.

Porte de Béja.

Excursion en Khroumirie. — Abandonnant pendant trois jours notre grande ligne de Tunis à Constantine, poussons une pointe en Khroumirie, un pays merveilleux ! Merveilleux comme tout pays arrosé peut l'être sur cette chaude terre d'Afrique ; car dans ce massif montagneux il tombe autant d'eau que dans les régions les plus mouillées de France. Tous nos oiseaux de France chantent ici à qui mieux mieux, depuis le loriot jusqu'au chardonneret, dans les sous-bois tapissés de mousses, de lichens, de fougères, tout comme dans les Vosges ou le Jura ; au pied des chênes-zeen élancés et des chênes-liège rugueux croissent des bruyères géantes toutes fleuries en mars.

Depuis 1892, la Compagnie transatlantique a inauguré un service hebdomadaire entre Bône et Tunis, avec escale à Tabarka, ce qui met la Khroumirie au nombre des excursions faciles à faire en Tunisie. Mais il est bien intéressant d'y aller par terre pour la traverser tout entière ; et l'on

Halte dans les forêts de la Khroumirie.

pent utiliser le bateau de la Compagnie transatlantique pour le retour vers Bône ou vers Bizerte-Tunis.

A partir de Souk-el-Arba, la plaine passée, nous laissons vers le huitième kilomètre, à environ deux kilomètres à droite, les superbes ruines romaines de *Bulla-Regia* d'où vient l'eau qui alimente Souk-el-Arba, puis la route franchit l'*Oued-Rezla* sur un pont métallique. On est devant la colline de *Fernana*, sur laquelle se tient chaque dimanche un très grand marché arabe ; un chêne-liège colossal, témoin de beaucoup de siècles passés, robuste survivant de forêts depuis longtemps disparues, étend sa frondaison immense sur cette colline nue.

Ruines romaines à Bulla-Regia.

A partir de Fernana, la route est admirable, tracée à flanc de montagne, au milieu de forêts superbes. Avant d'atteindre Aïn-Draham, on passe tout près du fameux marabout de *Sidi Abd-Allah-ben-Djemal*, enlevé par nos soldats en 1881, malgré l'inviolabilité dont il jouissait... au dire des fanatiques indigènes.

Aïn-Draham, « source d'argent », est situé sur une dépression entre deux montagnes, à cheval sur deux vallées d'une incomparable beauté et commandant tout le massif montagneux environnant. On y est à huit cents mètres d'altitude, et le *Djebel-Bir*, au pied duquel s'étage le camp français occupé par un bataillon de zouaves, s'élève à mille vingt mètres. Vers le nord la vue s'étend jusqu'à la mer ; on

découvre l'île de Tabarka près de la côte, et les Galites à l'horizon. A quatre kilomètres d'Aïn-Draham le chemin se bifurque au *col de Babouch*, où se trouve un poste de douane ; la route de gauche s'oriente vers la Calle, en Algérie ; celle de droite aboutit à Tabarka. Avant de déboucher dans la plaine de l'*Oued-Djeman*, des oliviers d'une taille prodigieuse, grands comme des chênes, bordent la route.

Depuis Fernana nous venons de traverser la Khroumirie. Eh bien ! et les Khroumirs ? Jadis pillards et « voleurs de vaches », comme les appelaient nos Algériens, ce sont aujourd'hui des gens paisibles ; la raison en est bien simple : l'Administration forestière, très régulièrement conduite en Tunisie, donne du travail à qui en demande, et les malheureux de cette contrée, trouvant ainsi de quoi vivre, ne se laissent plus aller aux mauvais instincts. La faim ne fait plus sortir le loup du bois, et ils ne passent pas à côté d'un voyageur sans le saluer respectueusement d'un *salem*.

Chefs de tribus en Khroumirie.

Voici *Tabarka!* C'est là que nos troupes ont débarqué le 15 avril 1881 ; on a bombardé le fort qui domine l'île, quoiqu'il ne fût pas occupé de façon à pouvoir se défendre.

La petite ville de Tabarka, très animée et très peuplée à l'époque où les Italiens viennent pêcher la sardine dans ses eaux, a été un poste romain de premier ordre, ainsi qu'en témoignent les ruines nombreuses qui couvrent son sol et parmi lesquelles on remarque : le *Queskès*, ressemblant beaucoup aux ruines des Thermes de Julien, à Paris ; le café Maure, jadis un bain romain ; une antique basilique, l'ancienne Mosquée ; une piscine, etc. L'île de Tabarka n'est séparée de la terre que par un bras de mer de 300 mètres de large ; c'est un rocher de 600 mètres sur 400, aujourd'hui occupé par la *Société des pêcheries françaises de Tunisie*, qui a pris ses quartiers dans l'ancien bordj de l'île.

Tabarka a le plus bel avenir ; c'est le port obligé, le centre commercial d'où s'exporteront les bois, les lièges, les minerais, les poissons, les bestiaux et tous les produits de cette riche contrée.

Thermes de Schemtou.

DE SOUK-EL-ARBA A SOUK-AHRAS. — Nous traversons maintenant la plaine de *Dahla*, dont la fertilité est extraordinaire : la couche de terre végétale y atteint une épaisseur de dix mètres ; on y a établi la halte de *Sidi-Meshine*, pour la grosse tribu des *Ouled-Arfa*. La station suivante, *Oued-Méliz*, tire son importance de la proximité des fameuses carrières de *Schemtou*, d'où l'on a extrait le marbre appelé « jaune antique », qui se rencontre dans plusieurs édifices de Rome et d'Italie, et qu'une Société franco-belge exploite. Les ruines de Schemtou sont curieuses : on y voit les restes d'un pont monumental, d'aqueducs, d'un théâtre, d'un cirque, de temples, d'une basilique.

Autour du train planent de grands oiseaux d'azur : ce sont d'admirables geais bleus qui affectionnent cette contrée. Nous voici à la gare frontière, *Ghardimaou*, avec les deux douanes algérienne et tunisienne juxtaposées dans le même bâtiment ; la visite obligatoire faite, on y déjeune convenablement.

Ruines d'un aqueduc à Schemtou.

En ce point se place une jolie petite excursion : de la plaine surchauffée et desséchée après les moissons, dès juin, on gagne en quelques heures, en voiture, le joli poste forestier de *Faidja-Grandpré*, à six cents mètres d'altitude. Alors, on pénètre dans un pays ravissant qui, par sa fraîcheur et sa belle végétation, rappelle notre Dauphiné, avec les oiseaux et les plantes de France ! Les botanistes y ont trouvé, à l'état sauvage, le lis blanc, le chèvrefeuille, les fougères et la « rose de Provins », cette fleur qui, chez nous, ne descend pas jusqu'en Provence.

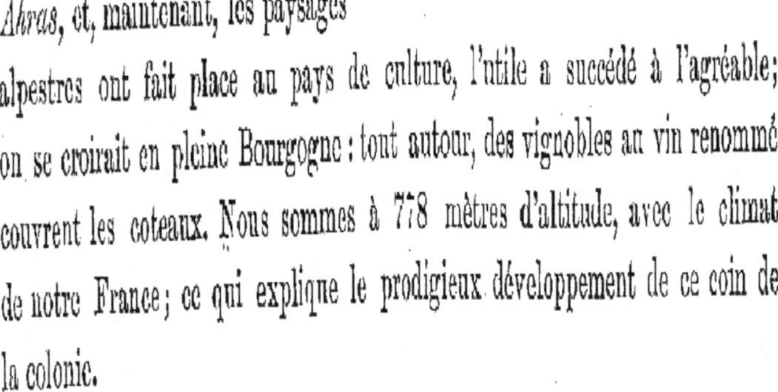

Après avoir quitté Ghardimaou, la voie pénètre en Algérie ; aussitôt le paysage devient alpestre. Ayant la Medjerdah tantôt à droite, tantôt à gauche, on traverse une vallée superbe jusqu'à *Souk-Ahras*, et, maintenant, les paysages

alpestres ont fait place au pays de culture, l'utile a succédé à l'agréable ; on se croirait en pleine Bourgogne : tout autour, des vignobles au vin renommé couvrent les coteaux. Nous sommes à 778 mètres d'altitude, avec le climat de notre France ; ce qui explique le prodigieux développement de ce coin de la colonie.

Souk-Ahras n'était, en 1852, — lorsque quelques-uns des déportés du coup d'État y vinrent, — qu'un champ de foire absolument nu, sur lequel se tenaient, il est vrai, à certains moments de l'année, des marchés considérables, dont la police était alors faite par un détachement de zouaves campés dans des baraquements improvisés; de là « Souk-Ahras », *marché du bruit*, à cause du tapage qu'y faisait la cohue indigène; d'autres prétendent que ce nom lui resta du premier et bruyant savetier qui vint s'établir près de la source, et qui s'appelait *Ahras*.

Toujours est-il que, trente ans après sa naissance, cette ville étonnante a pu se payer deux immenses marchés couverts, un hôtel de ville somptueux et une voirie bien organisée. En 1887, elle recevait pompeusement la caravane parlementaire.

Sa situation est, d'ailleurs, merveilleuse : c'est le point d'intersection du mouvement considérable qui vient de Tunisie, à l'est; de Constantine et de Bône, à l'ouest; de Tébessa, du côté du désert fauve moucheté par les riches oasis du Djérid tunisien. Souk-Ahras est aussi un véritable sanatorium pour les anémiés des régions chaudes : et l'on n'y voit pas un moustique ! chose appréciable entre toutes en Algérie.

Un gué de la Medjerdah.

Le bordj qui domine Souk-Ahras est converti en musée archéologique : car il importe de ne pas oublier que là fut la *Thagaste* romaine, patrie de saint Augustin, qui y naquit le 13 novembre 354 d'un père Décurion de la province.

Excursion à Tébessa. — Une petite ligne conduit en une demi-journée de Souk-Ahras à Tébessa. Elle offre, en elle-même, peu d'intérêt ; seule, la station de *Mdaourouch* rappelle un souvenir littéraire : c'est l'antique *Madaure* où naquit Apulée, l'auteur du livre fameux *la Métamorphose* ou *l'Ane d'or*. Mais combien est intéressante la région qui environne Tébessa ! On y découvre à chaque pas des trésors d'archéologie : sculptures, colonnes, stèles, cippes, mosaïques et inscriptions romaines ou byzantines...

Teveste, fondée en l'an 72 avant Jésus-Christ, fut dès le IIIe siècle une ville florissante, comme en attestent les monuments qui y subsistent. Nous ne l'avons occupée définitivement qu'en 1851 ; c'est un poste de premier ordre, commandant à la fois le Sahara tunisien, le Sahara de Constantine et les vallées qui conduisent à Kairouan et au Kef.

Descendons la rue de Caracalla... Saluez, classiques ! A droite, la mosquée avec un minaret ou plutôt un clocher un peu grossier, mais imposant ; au bout de la rue se dresse le fameux *arc de triomphe*, chef-d'œuvre d'architecture : sa disposition est toute particulière, et l'on n'en connait qu'un autre de ce genre, celui de Janus à Rome. Édifié en *quadrifons*, c'est-à-dire en un arc à quatre façades pareilles, il fut fait pour être isolé ; malheureusement, lorsque les Byzantins reconstruisirent les murs détruits par les Vandales, ils engagèrent deux des ouvertures dans ces murs et les bouchèrent, si bien que l'arc à quatre faces fut transformé en simple porte. Néanmoins, l'arc de triomphe de Caracalla offre encore des restes magnifiques.

Près de la Kasbah turque s'élève le *Temple de Minerve*, monument corinthien remarquable où l'on accédait par un escalier de vingt marches.

Sortant par la porte de Caracalla, on rencontre sur la route les ruines d'une grande basilique chrétienne, dans laquelle on a retrouvé des mosaïques et des tombeaux. Une partie des murailles de l'antique cité, réédifiées en 543 par Salomon, successeur de Bélisaire, subsistent encore, ainsi que la *porte de Salomon.*

Tébessa est le chemin le plus facile pour atteindre les

À TÉBESSA. — Ruines d'une basilique, arc de Caracalla, porte de Salomon.

mirifiques oasis du *Djerid* tunisien : on n'est qu'à cent trente kilomètres de l'oasis de *Gafsa*, par l'admirable vallée de *Békaria*, les forêts de *Bou-Chebka* et *Fériana*; *Gafsa* est la clef du Djerid, où les oasis abondent aux confins des chotts. Il faut savoir gré à la Compagnie de Bône à Guelma d'avoir exécuté cette intéressante ligne de pénétration.

De Souk-Ahras a Constantine. — Le train de Constantine, courant vers *Hammam-Oulad-Zeid*, traverse des vallées superbes couvertes de forêts de chênes-liège, de chênes-zéen et d'oliviers sauvages, derniers repaires des grands fauves... jusqu'à *Aïn-Sennour*, dont les environs ont été ravagés par le feu en 1890.

Laverdure est un gracieux petit village collé au flanc d'une grande montagne boisée. Le rugissement du lion et le miaulement

Ruines d'un temple, à Tébessa.

enroué de la panthère se font encore entendre sous les sombres forêts qui l'entourent. Lors du passage de la caravane parlementaire de 1887, on présenta aux ministres un vieil Arabe qui avait sur la conscience plusieurs douzaines de panthères et un certain nombre de lions ; ce vieux brave, dont le burnous était constellé de médailles, avait laissé à ce genre de sport une partie d'épaule et un fragment de cuisse.

Nous voici au point culminant de la voie; elle va descendre maintenant jusqu'à *Duvivier*, où se fait la bifurcation, vers le nord, pour Bône; vers l'ouest, pour Constantine. Nous aurons le temps de dîner au buffet : le vin de Duvivier a de la réputation dans le pays.

Le dîner pris: « En voiture, pour Constantine ! » La nuit va tomber subitement, presque sans crépuscule ; c'est à peine si l'on pourra encore admirer les *Gorges du Nador*. Cependant, s'il fait clair de lune, on peut mettre le nez à la portière ou se promener sur les balcons des voitures, pour voir les effets de nuit ravissants de ce pays si pittoresque.

Après avoir franchi une douzaine de stations que nous verrons en plein jour au retour, nous voilà au *Kroubs*, point terminus, à l'ouest, du réseau de Bône-Guelma, qui se soude là au réseau de l'Est-Algérien. Nous ne sommes plus qu'à une demi-heure de Constantine, à seize kilomètres : on y arrive généralement entre minuit et une heure du matin.

Les deux principaux hôtels de Constantine se font face au bout de la rue Nationale, sur la place de la Brèche, où se trouvent également le grand marché et le théâtre : c'est là que se concentre la vie de la ville, en un bruyant et sempiternel remue-ménage; du matin au soir, la population européenne et arabe y grouille dans un incessant mouvement de voitures qui circulent, de diligences qui partent, de prolonges d'artillerie qui roulent bruyamment, de régiments qui passent, d'Arabes qui poussent devant eux des bourriquots chargés à plier et de femmes voilées qui glissent au milieu de cette foule, silencieux fantômes !

CONSTANTINE

Un Bédouin.

Constantine est une grande ville qui compte plus de 10,000 Français, 25,000 musulmans, 7,000 israélites et un solde d'Italiens, de Maltais et d'Espagnols, pour former un total de 45,000 âmes. C'est le chef-lieu du département et d'une division militaire : en un mot, l'équivalent d'un important chef-lieu de département en France.

Au joyeux réveil que sonnent les grelots de chevaux attelés par cinq et six aux diligences qui arrivent ou partent dès l'aube dans toutes les directions, nous descendons la rue Nationale. A mi-chemin, elle forme un coude en terrasse d'où le spectacle est empoignant : à nos pieds s'ouvre une crevasse formidable, saisissante, profonde de plusieurs centaines de mètres; cette cassure gigantesque produite lors de quelque convulsion préhistorique, ce précipice prodigieux, aux parois tourmentées, vous étonne, vous saisit. Le regard fouille l'abîme; et, tout au fond, roulent les eaux du torrent, dont le murmure arrive à peine aux oreilles : c'est le fameux *Rummel*, l'auteur ou le résultat de l'étonnant phénomène géologique qui a fait de Constantine une ville étrangement fortifiée.

Des vautours et d'autres oiseaux de proie voltigent au fond du gouffre, si bien que, chose toute nouvelle, on voit de dos les oiseaux *qui planent* au-dessus du torrent. De notre observatoire nous découvrons, au delà du précipice, la gare du chemin de fer au pied de la colline de *Mansoura* couronnée par la caserne des chasseurs d'Afrique.

En suivant la rue Nationale, on arrive à la porte qui ferme le pont d'accès, *El-Kantara*. Avant

Vue générale de Constantine.

d'atteindre la rive droite : en amont, le Rummel, vu dans son axe sur une longue étendue, roule torren-

Le Rummel passant sous
la montagne.

tueux, avec un fracas épouvantable, lorsque les eaux sont fortes; en aval, il disparaît dans des abîmes souterrains, mystères du sol, reparaît et disparaît de nouveau. A gauche se dressent les falaises sur lesquelles reposent le Lycée et les bâtiments de la Kasbah; à droite s'élève la belle corniche carrossable, promenade charmante, taillée dans les rochers de *Sidi-Meçid*, au-dessus desquels on voit l'Hôpital civil. En arrière, les montagnes sont couronnées par de superbes forêts de pins.

Le pont aboutit à un faubourg de Constantine.

En revenant à la terrasse d'où la vue nous a paru si surprenante, au lieu de suivre la rue Nationale, prenons, droit devant nous, la rue Perrégaux, conduisant au cœur de la ville arabe, qu'elle traverse par le milieu. Absolument distincte de la ville européenne, c'est une cité pleine de caractère avec ses ruelles étranges, où les grandes maisons blanches se rencontrent, se touchent, s'embrassent, en un déséquilibre stable des plus invraisemblables.

Un petit gamin arabe, que nous prenons pour guide, nous conduit aux boutiques des forgerons, des bijoutiers, des armuriers, des cordonniers, des bourreliers, des selliers, des damasquineurs, toutes plus amusantes les unes

que les autres sans omettre celles des marchands de tripes...
à la mode du Rummel; des têtes de moutons et de chè-
vres mijotent dans d'énormes marmites : *gril-rooms* arabes
du plus curieux effet. Un coup d'œil donné en
passant dans les ruelles habitées par les *femmes
indigènes*, au costume bariolé, au visage badi-
geonné, nous entrons dans un café de fumeurs de
haschisch : les « pratiquants » sont assis autour
de tables chargées d'oranges, de fleurs, de bocaux
aux poissons dorés, de bougies allumées, de vases
peinturlurés; tout cet étalage de pacotille ayant
pour but d'exciter et d'orienter les rêves des
fumeurs.

Nous sommes sur la place de la Brèche, ainsi
nommée parce que c'est de ce côté que l'attaque
fut dirigée, le 12 octobre 1837, par le général
Damrémont, en présence du duc de Nemours. Le
général fut tué dès le début, et l'honneur de la prise de Constantine, qui eut lieu le lendemain, revint au général, plus tard
maréchal, Vallée. La Brèche est, en effet, le seul point sur lequel Constantine ne soit pas entouré de

Spahi.

CONSTANTINE. — La rue Perrégaux.

Le chemin des Touristes, dans le ravin.

précipices infranchissables ; et, par cette large ouverture, les colonnes d'attaque pénétrèrent dans la ville où un combat homérique eut lieu.

De cette place, aujourd'hui ouverte et pacifique, on découvre le monticule de *Coudiat-Aty*, où étaient placées nos batteries de siège et où se trouve le monument élevé à la mémoire du général Damrémont, à l'endroit même où il fut tué par un boulet.

Les mosquées de Constantine, dont l'accès est permis aux roumis, n'offrent rien de bien curieux pour nous, après la visite faite à Kairouan. D'ailleurs, la cathédrale, que tout le monde peut voir librement, suffit à en donner une idée, étant elle-même une ancienne mosquée transformée.

Le palais du général de division est, au contraire, très intéressant : c'est l'ancienne demeure du cruel Bey Ahmed, dont le souvenir est encore présent et qui terrorisait la contrée au moment de la conquête. Coupé par des cours plantées d'arbres, séparées les unes des autres par des balustrades en bois finement travaillées et curieusement peintes, l'intérieur du palais est très séduisant.

Des voitures stationnent sur la place de la Brèche, invitant le touriste à faire une promenade à la *Kasbah*, d'où la vue s'étend au loin, ou à la colline de *Mansoura*, d'où l'on découvre un merveilleux panorama de Constantine, ou jusqu'au *Pont-du-Diable*, au bas de cette pointe sud de la ville qui est un promontoire chargé de maisons à bord de falaise ; ou encore aux cascades du Rummel, sous la pointe nord de la ville, par un chemin ravissant, à travers des jardins d'où s'élancent de magnifiques eucalyptus. Lorsque les eaux sont fortes, ces cascades sont terrifiantes : elles sortent alors furieuses des cavernes qui emprisonnent le torrent sur la moitié du pourtour de la ville.

Une nomade.

Un homme aux idées neuves, M. Remès, a conçu le projet de raser la colline de *Coudiat-Aty* pour étendre le plan de la ville au delà de la place de la Brèche. Il vient d'exécuter, de son initiative privée, un

Le chemin des Touristes, au flanc des falaises.

Le Chemin des Touristes.

« Chemin des Touristes » qui permet d'explorer les prodigieuses profondeurs du Rummel; ce chemin, en partie taillé dans le roc, en partie établi sur des consoles en fer, est commode et sûr, étant garanti par des treillis de fer. Il commence au-dessous du pont d'El-Kantara et débouche au-dessus du Pont-du-Diable, juste en face du promontoire de *Sidi-Rached*; il se prolongera sous les cavernes, en aval du Pont, pour ressortir vers la grande cascade, du côté du Moulin-

Lavie. Son parcours total sera alors de 1,800 mètres environ, et l'on accédera en voiture à chacune de ses extrémités. C'est une conception hardie et singulièrement heureuse, qui offre mille surprises aux touristes, et qui permettra aux Constantinois de se promener à l'ombre et au frais pendant les chaleurs de l'été.

DE CONSTANTINE AU DÉSERT

Au Désert,

Voir le Désert, voilà qui est tentant! Et puisque cela nous est permis sans dépasser les limites de notre trop court séjour sur la terre africaine, pouvons-nous hésiter?

Nous prenons le train, avant le jour, pour El-Kantara; le soleil est levé lorsque nous passons devant *El-Guerra*, où la voie d'Alger se sépare de la nôtre. Nous déjeunons à la gare de *Batna*, ville nouvelle, qui s'est développée autour du camp établi après l'expédition de Biskra, en 1844, et qui compte aujourd'hui environ 7,000 habitants, dont près de 2,000 Français. Cette sous-préfecture est peu intéressante par elle-même, mais elle est le centre d'excursions merveilleuses, que l'on peut faire en un jour de voiture : à *Lambessa*, lieu de déportation lors du coup d'État de 1852, et qui fourmille de monuments romains; à *Timgad*, où dans les rues sont encore visibles, comme à Pompéi,

Gorge et pont d'El-Kantara.

les ornières creusées par les chars romains dans les dalles de la chaussée, et à la belle forêt de cèdres de la montagne de *Tougourt*.

Nous sommes au point culminant de la ligne, à 1,054 mètres d'altitude. Dans cette région, les hivers sont aussi froids qu'en Europe et la neige tombe abondamment. Puis, le chemin de fer traverse des vallées dénudées d'un aspect grandiose, qui offrent à l'œil des colorations étonnantes.

Voici *El-Kantara*, une des merveilles de l'Algérie, dont le pont romain, « El-Kantara », est placé à la *Bouche du Désert*, « foum el Sahara ». A peine descendus du train, nous voilà déjà cheminant, à dos de mulet, vers la cassure colossale de la grande montagne. La gorge formée par la gigantesque faille est d'un pittoresque étrange ; l'oued roule ses eaux au fond du ravin, à travers les rochers éboulés ; tout d'un coup l'oasis apparaît, nappe immense d'un vert sombre, et l'on parcourt les divers villages qui y sont semés ; le long de l'oued au-dessus duquel des palmiers penchent leurs têtes gracieuses. Les champs de légumes, de fourrages ou d'orges, étendent des tapis d'un vert tendre au pied des orangers, des citronniers, des grenadiers, des pruniers, des oliviers, des néfliers, des coignassiers qui les couvrent de leur ombrage. Quand le soleil se couche, — spectacle merveilleusement décoratif! — les montagnes environnantes s'empourprent d'un rouge feu. Ici brûle l'ardent et constant soleil du Sahara, tandis que de l'autre côté flottent

À El-Kantara.

encore les nuages du Tell. Des femmes et des jeunes filles viennent du village remplir les outres noires à la source qui sourd dans l'oued desséché, et c'est parfois un grouillement de toutes couleurs, dont l'effet est prodigieux sous cette lumière éclatante. Le lendemain, nous prenons le train qui nous déposera à Biskra.

Oasis d'El-Kantara.

14

Biskra, capitale du pays des oasis, reine des *Zibans*, est aujourd'hui une ville de plus de 8,000 habitants, dont 500 Français, où l'on trouve toutes les commodités de la vie.

La ville européenne, régulière, entoure le fort Saint-Germain ; nous l'avons occupée en 1844. Une belle promenade plantée de gommiers, de palmiers, de mimosas et de cassies odorants, arrosés par un clair ruisseau, forme le centre de la ville.

Le marché arabe est des plus

BISKRA. — Le quartier des Ouled-Naïls.

curieux et toujours animé ; tout à côté se trouve le quartier des Ouled-Naïls, danseuses aux mœurs faciles, qui, dit-on, s'en retournent dans leur tribu après avoir ramassé une dot dont l'épouseur, — aussi peu scrupuleux qu'un rastaquouère de grande ville, — ne discute pas l'origine.

COSTUMES DE FEMMES A BISKRA.

14ª

Biskra est, par excellence, une ville d'hiver; et, à voir
chaque matin les artistes s'en aller vers l'oasis, suivis
d'Arabes portant leurs boîtes, toiles et chevalets, on se croirait à Barbizon. Cette vogue est justifiée : rien de plus pittoresque que le vieux Biskra, avec ses mosquées et ses
marabouts, ses rigoles et ses oliviers dix fois séculaires.

Autour de Biskra.

Faut-il le dire? Biskra aura bientôt hôtels et casino complet, avec jeu de « petits chevaux ». La

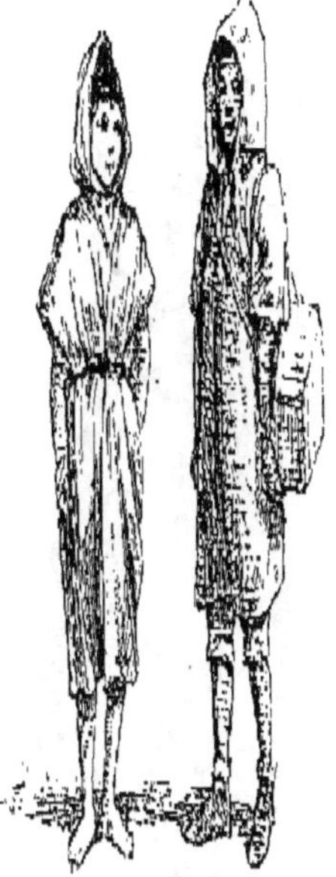

Petits Biskris.

ville possède déjà, à sa porte même, une fort jolie petite oasis, *transformée en parc*, celle de *Beni-Mora*. La source d'*Hammam-ès-Sahalin*, « bains des saints », concédée par l'État à la *Société de l'Oued-Rir*, va compléter la station hivernale par un établissement thermal. Bref, voici venir Luchon ou les Eaux-Bonnes en plein Sahara.

Une des curiosités de Biskra est le *Jardin Landon*, un des plus beaux jardins que l'on puisse rêver, dans lequel on se promène sous des voûtes de verdure, pour s'arrêter, çà et là, devant quelque kiosque délicieux, ou en face d'une maison blanche qui se

Chameliers.

détache gaiement sur le vert sombre des allées. A l'est, la terrasse du jardin borde le lit de l'oued, large d'un kilomètre ; sur la rive d'en face s'élève une belle montagne nommée « la joue rouge », *Ahmeur-Kadou*, parce que son versant se colore de pourpre au crépuscule. De l'autre côté du jardin, vers l'ouest, le spectacle n'est pas moins beau, le soleil se couchant derrière l'oasis et dardant ses

A BISKRA. — Jardin Landon.

Ouled-Naïls.

rayons d'or entre les palmes des grands dattiers du Désert.

Rivière d'El-Kantara.

Reprenons le train pour El-Kantara et Constantine.

L'excursion jusqu'à *Sidi-Okba*, — où est enterré le conquérant musulman qui, après avoir victorieusement parcouru l'Afrique, de la mer Rouge à l'Océan, s'est laissé surprendre et tuer par un parti de Berbères chrétiens, — donne une idée suffisamment exacte de « la marche dans le Désert »... surtout les jours où le siroco fait rage et soulève des trombes de sable !

Biskra. — La mosquée de Mçid, aux confins du Désert.

DE CONSTANTINE A BONE

ET RETOUR EN FRANCE

De Biskra revenus à Constantine, il faut, hélas! songer au retour : un train part à cinq heures du matin vers Bône; en le prenant, nous pourrons nous arrêter à *Hammam-Meskoutine*, qui passe pour une des merveilles de la nature. En route! Le jour nous prend au Khroubs; laissant filer le train de l'Est-Algérien vers Alger, nous montons dans une des agréables voitures à balcons du Bône-Guelma, où l'on peut fumer à l'aise, se dégourdir les jambes et admirer le paysage de tous côtés; mais ce ne sont d'abord que vastes plateaux de céréales entre les stations de *Bou-Nouâra*, d'*Aïn-Abid*, d'*Aïn-Régada*. Puis viennent *Oued-Zénati*, *Bordj-Sabath* et la halte de *Tahya*, où le sol commence à s'accidenter.

KROUBS. — Un jour de marché.

Enfin nous nous arrêtons à *Hammam-Meskoutine* et nous y restons près de trois heures en attendant le train suivant qui nous amènera à Bône pour dîner.

Au sortir de la gare, un étrange spectacle s'offre à nos yeux : des nuages de vapeur s'élèvent de terre au-dessus d'une masse blanche; ils indiquent la place de sources thermales extraordinaires, — *Chaudesaigues* d'Afrique, — qui s'écoulent à la température de 95° et dont le débit dépasse 100,000 litres à la minute. Leur force ascensionnelle les faisait primitivement jaillir à plusieurs mètres au-dessus du sol; mais des dépôts calcaires s'étant accumulés autour des orifices, il s'y est formé des cônes d'où l'eau sort comme de pis gigantesques.

Cascade d'Hammam-Meskoutine.

Ces eaux sont réputées très efficaces pour les affections rhumatismales chroniques, les anciennes névralgies, les raideurs articulaires, les suites de fractures, de luxations, etc., etc.; aussi des établissements de bains civils et militaires, des hôtels et des villas sont-ils venus se grouper autour des sources, que les Romains connaissaient déjà sous le nom d'*Aquæ-Tibiliana* : on trouve beaucoup d'antiquités dans la région.

Mais le clou d'Hammam-Meskoutine est sa fameuse cascade. Les dépôts modernes de la Cascade avec leurs stalactites, leurs aiguilles, leurs nappes figées, leurs colonnettes, leurs corniches, leurs vasques élégantes, ici d'un blanc de lait d'une pureté parfaite, là d'une couleur de rouille claire, et enfin les colonnes de vapeur qui les couronnent, forment un ensemble des plus pittoresques. De nombreuses cavernes souterraines font résonner le sol sous les pas du voyageur. A deux kilomètres de l'Hôpital militaire, la voûte d'une de ces cavernes s'est effondrée soudain en juin 1878, par un jour d'orage, sur un cercle qui mesure trente mètres de diamètre avec une profondeur moyenne de 1^m,50. Depuis lors, on a accès dans la grotte, dont le fond est occupé par un lac souterrain, à dix mètres au-dessous du sol, et dont la température est de 21°.

Reprenons le train de Constantine à Bône. Bientôt, voici *Guelma*, la « Kalama » des Romains, selon saint Augustin. Ses anciens remparts, renversés par un tremblement de terre en 1836, ont été remplacés par une enceinte crénelée, percée de cinq portes. Les rues spacieuses, les boulevards et les places plantées d'arbres, en font une ville d'aspect fort agréable. On y voit encore un théâtre romain assez bien conservé et les ruines des thermes dans la Kasbah.

Ce fut sous le vocable de la ligne de Bône à Guelma que se constitua la Compagnie de chemin de fer dont le réseau s'étend aujourd'hui de Constantine à Tunis, et qui va se prolonger en Tunisie par 460 kilomètres nouveaux.

A *Saint-Joseph*, la voie traverse de magnifiques forêts ; à *Barral*, de belles vignes couvrent les coteaux, et, dès que l'on arrive dans le bas de la vallée de la Seybouse, on se dirait en plein Médoc : à

perte de vue, ce ne sont jusqu'à Bône que des vignobles, *Mondovi, Randon, Ducerville,* centres viticoles incomparables.

Bône. — Comme toutes les villes de Tunisie et de la province de Constantine, Bône peut faire remonter son histoire jusqu'aux Romains. Les Algériens, les Français, les Tunisiens et les Italiens l'ont tour à tour possédée au xve et au xvie siècle ; l'armée française y est venue dès 1830 ; mais nous n'avons occupé définitivement la ville que le 26 juin 1832.

Vue de Guelma, prise du Théâtre romain.

Le Cours National, promenade superbe plantée d'arbres rares et entourée des principaux monuments, aboutit à l'ancienne darse où accostent les transatlantiques, et partage la ville en deux : la ville européenne à l'ouest, la ville arabe à l'est.

La ville arabe n'est plus très originale : l'élément européen y a noyé l'élément indigène, qui figure à peine pour 6,500 âmes sur un total d'environ 30,000.

Bône, dans son ensemble, est fort coquet, adossé à de jolies collines boisées que l'on vient d'éventrer pour lui donner plus d'air en été et aussi pour accéder plus facilement au nouveau port. Son

Bône. — Les bains de la Grenouillère.

commerce est considérable ; il draine les produits de l'intérieur depuis la Tunisie jusqu'à Constantine. Parmi ses industries, il faut en citer une toute nouvelle : celle de la *subérine*, c'est-à-dire des briques, carreaux et hourdis en agglomérés de liège... providence des pays chauds ! Le liége mâle, abondant dans la contrée, pulvérisé et aggloméré, forme des briques et des carreaux qui résistent à ce point contre la chaleur, que 6 centimètres d'agglomérés de liège protègent aussi bien qu'un mur de 60 centimètres.

La Grenouillère, agréables bains de mer, très fréquentés, la Kasbah, la Corniche ravissante, qui conduit jusqu'au cap de Garde, la route des Caroubiers, ne sont pas les seules promenades à parcourir ; il y a aussi, à deux kilomètres seulement, *Hippone*, l'*Hippo-Régius* des Romains, dont les superbes citernes envahies par les lianes, les figuiers, les oliviers, les chardons et les acanthes, sont faites pour tenter le pinceau des artistes.

Près de là, le cardinal Lavigerie a fait construire un vaste hospice et une cathédrale monumentale.

D'un monument élevé à saint Augustin, qui fut évêque d'Hippone, la vue est d'une grande beauté sur le mont Edough, sur la ville et sur la mer. La poudre fut inventée à Hippone, n'en déplaise au

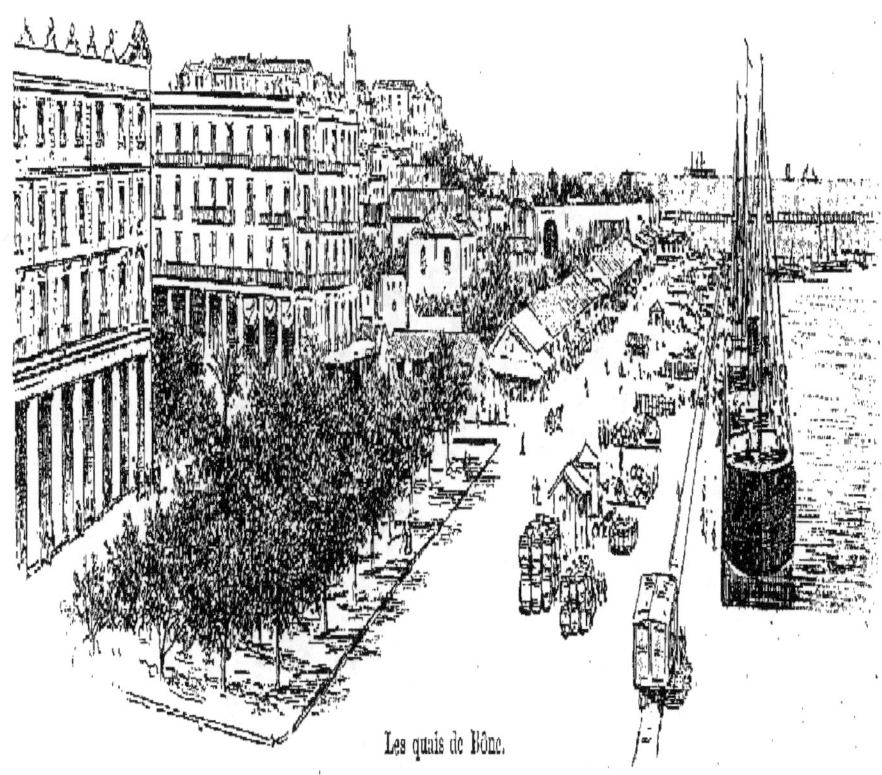

Les quais de Bône.

moine allemand qui s'en est donné les gants : la preuve en est que sainte Barbe, depuis lors patronne des artilleurs, se fit sauter avec toutes les religieuses du couvent d'Hippone, plutôt que de tomber aux mains des Vandales. Elle avait inventé l'explosif en collaboration avec son père, Narzal Alypius, centurion de la IVe légion.

Abandonnons ces souvenirs historiques et la pittoresque Afrique ; de Bône, nous prenons le bateau de France, pour Marseille. Et la Méditerranée, aux vagues courtes et profondes, va nous donner l'occasion de « remuer » en nous-mêmes les visions de ce charmant voyage.

Les citernes d'Hippone.

RENSEIGNEMENTS PRATIQUES

N. B. — Nous donnons ci-après les prix maxima; ne pas oublier que les grands parcours bénéficient d'une réduction calculée suivant la distance parcourue et dont les diverses Compagnies fournissent gratuitement le barème.

RENSEIGNEMENTS PRATIQUES (Suite).

Diligences chaque jour ; une fois par semaine, un paquebot de la Compagnie transatlantique fait le voyage de Tunis à Tabarka, en Khroumirie, avec escale à Bizerte ; on peut donc, pour ces deux excursions, alterner en prenant, à l'aller ou au retour, la voie de terre ou la mer. — Diligence et paquebot, aller et retour : **20 fr.**, environ.

(Chemin de fer).

De Tunis à Souk-el-Arba : 1re cl., **17 fr. 45** ; 2e cl., **13 fr. 30** ; 3e cl., **9 fr. 35.**

Voitures publiques, deux fois par semaine, jusqu'à Aïn-Draham, où l'on loue une voiture particulière pour Tabarka. Comme pour l'excursion d'El-Djem, une voiture particulière pour 3 jours coûterait **100 fr.** à diviser entre 3 voyageurs.

De Souk-el-Arba à Souk-Ahras : 1re cl., **10 fr. 30** ; 2e cl., **7 fr. 80** ; 3e cl., **5 fr. 55.**

Chemin de fer, aller et retour : 1re cl., **20 fr. 10** ; 2e cl., **15 fr. 25** ; 3e cl., **10 fr. 80.**

De Souk-Ahras à Constantine : 1re cl., **24 fr. 20** ; 2e cl., **18 fr. 30** ; 3e cl., **13 fr.**

De Constantine à El-Kantara : 1re cl., **20 fr. 50** ; 2e cl., **15 fr. 40** ; 3e cl., **11 fr. 30.**

D'El-Kantara à Biskra : 1re cl., **6 fr. 25** ; 2e cl., **4 fr. 70** ; 3e cl., **3 fr. 45.**

Chemin de fer : 1re cl., **24 fr. 50** ; 2e cl., **18 fr. 60** ; 3e cl., **13 fr. 20.**

La Traversée de Bône à Marseille : 1re cl., **100 fr.** ; 2e cl., **70 fr.** ; 3e cl., **30 fr.**, avec nourriture.

Durée des trajets pendant le présent voyage : De Marseille à Tunis, **2 jours** ; de Tunis à Sousse et retour, **2 jours** ; de Sousse à Kairouan et retour, **2 jours** ; de Tunis à Constantine, **1 jour** ; de Constantine à Biskra et retour, **2 jours** ; de Constantine à Bône, **1 jour** ; de Bône à Marseille, **2 jours** : Total, 12 jours. Il reste donc 8 jours à dépenser pour les séjours. Les excursions que nous avons signalées, de Sousse à El-Djem, Monastir, de Souk-el-Arba à Tabarka, de Souk-Ahras à Tébessa, de Tunis à Bizerte, prendraient chacune trois jours pleins, aller et retour.

Voyage circulaire

Permettant de voir : Alger, Sétif, Batna, Aïn-Touta, **El-Kantara, Biskra,** El-Guerrah, **Constantine,** Philippeville, **Kroubs, Guelma, Bône,** Duvivier, **Souk-Ahras,** Ghardimaou, **Tunis, La Goulette,** et d'effectuer le voyage de Paris à Marseille et vice versa par l'un des trois itinéraires suivants au choix : 1º Sens, Dijon, Lyon, Montélimar, Avignon ; 2º Nevers, Moulins, Roanne, Tarare, Lyon, Avignon ; 3º Nevers, Clermont-Ferrand, Alais, Nîmes, Tarascon :

1re classe, **390 fr.** — 2e classe, **295 fr.**

CHEMINS DE FER DE PARIS-LYON-MÉDITERRANÉE

VOYAGES CIRCULAIRES A ITINÉRAIRES FIXES

Il est délivré, pendant toute l'année, à la gare de Paris-Lyon, ainsi que dans les principales gares situées sur les itinéraires, des *billets de voyages circulaires à itinéraires fixes*, extrêmement variés, permettant de visiter, en 1re ou 3e classe, à des *prix très réduits*, les contrées les plus intéressantes de la France (notamment l'Auvergne, le Dauphiné, la Savoie, la Provence, les Pyrénées, etc.), ainsi que l'Algérie, la Tunisie, l'Espagne, l'Italie et la Suisse.

Billets d'Aller et Retour collectifs

DÉLIVRÉS PAR TOUTES LES GARES P.-L.-M.

pour

LES VILLES D'EAUX

desservies par le réseau P.-L.-M. — *Valables 30 jours*, avec faculté de prolongation, moyennant 10 0/0 de supplément pour chaque période de prolongation.

Il est délivré, du 15 Mai au 15 Septembre, dans toutes les gares du réseau P.-L.-M., sous condition d'effectuer un parcours minimum de 300 kilomètres aller et retour, aux familles d'au moins quatre personnes payant place entière et voyageant ensemble, des billets d'aller et retour collectifs de 1re, 2e et 3e classe pour les stations suivantes : Aix, Aix-les-Bains, Albertville, Baume-les-Dames, Bollène-la-Croisière, Bourbon-Lancy, Carpentras, Cette, Chambéry, Charbonnières, Clermont-Ferrand, Cluses, Coudes, Digne, Euzet-les-Bains, Evian-les-Bains, Genève, Gières-Uriage, Goncelin-Allevard, Groisy-le-Plot-la-Caille, La Bastide-Saint-Laurent-les-Bains, Lépin-Lac-d'Aiguebelette, Le Vigan, Manosque, Montélimar, Montpellier, Montrond, Moulins, Pougues, Riom, Roanne, Sail-sous-Couzan, Saint-Georges-de-Commiers, Saint-Julien-de-Cassagnes, Saint-Martin-d'Estréaux, Salins, Santenay, Sauve, Thonon-les-Bains, Vals-les-Bains-la-Dégude, Vandenesse-Saint-Honoré-les-Bains, Vichy, Villefort.

Le prix s'obtient en ajoutant au prix de six billets simples ordinaires le prix d'un de ces billets pour chaque membre de la famille en plus de trois. Les trois premières personnes payent donc le plein tarif, la quatrième personne et les suivantes le demi-tarif.

Les demandes de ces billets doivent être faites 4 jours au moins avant celui du départ, à la gare où le voyage doit être commencé.

Billets d'Aller et Retour

DE PARIS A BERNE

ET A INTERLAKEN

Viâ Dijon-Pontarlier-Les Verrières-Neuchâtel ou réciproquement.

PRIX DES BILLETS :

de PARIS à

BERNE	INTERLAKEN
1re classe, **101** fr.	1re classe. **113** fr.
2e — **75** »	2e — **84** »
3e — **50** »	3e — **56** »

Valables 60 jours.

Billets délivrés du 15 avril au 15 octobre.

DE PARIS A TURIN

A MILAN, A GÊNES ET A VENISE

Viâ **Mont-Cenis** ou réciproquement,

Valables **30** jours. — Arrêts facultatifs.

POUR TURIN (1)	POUR MILAN
1re cl. **147** fr. **60**	1re cl. **166** fr. **35**
2e cl. **106** fr. **10**	2e cl. **119** fr. »
POUR GÊNES	POUR VENISE
1re cl. **167** fr. **10**	1re cl. **216** fr. **35**
2e cl. **119** fr. **15**	2e cl. **154** fr. »

(1) Avec faculté de prolongation de 15 jours moyennant 10 0/0. En outre, ces billets sont valables 60 jours en prenant à Turin un billet circulaire italien.

Billets d'Aller et Retour de Bains de mer

(Billets individuels et collectifs)

Il est délivré, du 1er Juin au 15 Septembre de chaque année, des billets d'aller et retour de bains de mer, de 1re, 2e et 3e classe, à prix réduits, pour les stations balnéaires suivantes :

Aigues-Mortes, Antibes, Bandol, Beaulieu, Cannes, Hyères, La Ciotat, La Seyne-Tamaris-sur-Mer, Menton, Monaco, Monte-Carlo, Montpellier, Nice, Saint-Raphaël, Toulon et Villefranche-sur-Mer.

Ces billets sont émis dans toutes les gares du réseau P.-L.-M. et doivent comporter un parcours minimum de 300 kilom. aller et retour.

PRIX. — Le prix des billets est calculé d'après la distance afférente au parcours réellement effectué et d'après un barème comportant des *réductions importantes pouvant atteindre 50 0/0* pour les billets de famille.

Validité : **33** jours. — Arrêts facultatifs.

CARTES D'ABONNEMENT

De 1re, 2e et 3e classe. — Pour 1 mois, 3 mois, 6 mois ou un an.

(Payement fractionné des prix.)

VOITURES DE LUXE

(Coupés, coupés-lits, fauteuils, lits-salons.)

Observation importante. — Les renseignements les plus complets sur les Voyages circulaires (conditions, prix, cartes, itinéraires), ainsi que sur les Cartes d'abonnement, Billets directs et d'aller et retour, Relations internationales, horaires, etc., sont renfermés dans un *Livret-Guide officiel* édité par la Compagnie P.-L.-M. et mis en vente dans les principales gares et bibliothèques de son réseau, ainsi que dans ses bureaux de ville, au prix de 30 centimes.

CHEMINS DE FER DE PARIS A ORLÉANS

BAINS DE MER DE L'OCÉAN

BILLETS D'ALLER ET RETOUR A PRIX RÉDUITS

—◦{ *Valables pendant 33 jours* }◦—

Du 1er Mai au 31 Octobre, il est délivré des *Billets Aller et Retour* de toutes classes, par toutes les gares du réseau, pour les stations balnéaires ci-après :

Saint-Nazaire.	Vannes (Port-Navalo, Saint-Gildas-de-Rhuys).	Concarneau (Beg-Meil, Fouesnant).
Pornichet.		
Escoublac-la-Baule.	Plouharnel-Carnac.	Quimper (Bénodet).
Le Pouliguen.	Saint-Pierre-Quiberon.	Pont-l'Abbé (Langoz, Loctudy).
Batz.	Quiberon (Belle-Isle-en-Mer).	
Le Croisic.	Lorient (Port-Louis, Larmor).	Douarnenez.
Guérande.	Quimperlé (Pouldu).	Châteaulin (Pentrey, Crozon, Morgat).

Les billets pris à toute gare du réseau située dans un rayon de 250 kilomètres des stations balnéaires ci-dessus comportent une réduction de 40 0/0 en 1re classe, de 35 0/0 en 2e classe et de 30 0/0 en 3e classe.

Les billets pris à toute gare située dans un rayon inférieur à 250 kilomètres desdites stations comportent une réduction de 20 0/0 sur le double du prix des billets simples.

EXCURSIONS EN AUVERGNE ET DANS LE LIMOUSIN

permettant de visiter

Le Mont-Dore, La Bourboule, Royat, Clermont-Ferrand, Néris et Évaux-les-Bains,

Avec arrêt facultatif à toutes les Gares du parcours.

Prix des Billets : 1re classe, 98 fr. ; 2e classe, 73 fr. — Durée : 30 jours.

ITINÉRAIRE. — *Paris, Vierzon, Bourges, Montluçon, Chamblet-Néris (Bains de Néris), Évaux (Bains d'Évaux), Éygurande, Laqueuille (Bains du Mont-Dore et de La Bourboule, Royat (Bains de Royat), Clermont-Ferrand, Larguac, Ussel, Limoges (par Tulle, Brive et St-Yrieix, ou par Eymoutiers), Vierzon, Paris ou vice versâ.*

Avis essentiel. — Les prix ci-dessus ne comprennent pas le parcours de terre dans les services de correspondance de *Chamblet-Néris à Néris*, — de la gare à la localité d'*Évaux* et de *Laqueuille au Mont-Dore et à La Bourboule.*

Ces Billets sont délivrés du 1er Juin au 30 Septembre.

BILLETS DE PARCOURS SUPPLÉMENTAIRES A PRIX RÉDUITS

Il est délivré à toutes les gares du réseau des billets *Aller et Retour* à prix réduits pour aller rejoindre l'itinéraire ci-dessus, ainsi que de tout point de cet itinéraire pour s'en éloigner.

Excursions en Touraine, aux Châteaux des Bords de la Loire

ET AUX STATIONS BALNÉAIRES

De la ligne de SAINT-NAZAIRE au CROISIC et à GUÉRANDE

BILLETS DÉLIVRÉS TOUTE L'ANNÉE

1er ITINÉRAIRE (*Durée : 30 jours*).	2e ITINÉRAIRE (*Durée : 15 jours*).
PRIX DES BILLETS	PRIX DES BILLETS
1re cl., **86 fr.** ; 2e cl., **63 fr.**	1re cl., **54 fr** ; 2e cl., **41 fr.**
Paris, Orléans, Blois, Amboise, Tours, Chenonceaux et retour à Tours, Loches et retour à Tours, Langeais, Saumur, Angers, Nantes, St-Nazaire, Le Croisic, Guérande et retour à Paris, *viâ* Blois ou Vendôme.	Paris, Orléans, Blois, Amboise, Tours, Chenonceaux et retour à Tours, Loches et retour et Tours, Langeais et retour à Paris, *viâ* Blois ou Vendôme.

BILLETS DE PARCOURS SUPPLÉMENTAIRES A PRIX RÉDUITS

BILLETS DE FAMILLE

Des billets de famille comportant une réduction de 20 à 40 %, suivant le nombre des personnes, sont délivrés toute l'année à toutes les gares du réseau pour les stations thermales et balnéaires du Midi ci-après désignées, et sous réserve d'un parcours à effectuer de 500 kilomètres au moins, aller et retour compris, pour :

Alet, Arcachon, Argelès-Gazost, Ax-les-Thermes, Bagnères-de-Bigorre, Bagnères-de-Luchon, Banyuls-sur-Mer, Biarritz, Cambo-Ville, Capvern, Céret (Amélie-les-Bains, La Preste, etc.), Couiza-Montazels, Dax, Guéthary (halte), Hendaye, Lamalou-les-Bains, Laruns (les Eaux-Bonnes, les Eaux-Chaudes), Le Boulou-Perthus, Oloron-Sainte-Marie, Pau, Pierrefitte-Nestalas (Cauterets), Prades (Le Vernet et Molitg), Saint-Girons, Saint-Jean-de-Luz, Saint-Flour (Chaudesaigues), Salies-de-Béarn, Salies-du-Salat et Ussat-les-Bains.

La durée de validité des billets de famille est de 33 jours, non compris les jours de départ et d'arrivée.

PROLONGATION DE DURÉE DE VALIDITÉ DES BILLETS. — La durée de validité de la plupart des billets ci-dessus peut être prolongée moyennant supplément. — Pour plus amples renseignements, s'adresser : à Paris, à la Gare d'**Orléans** (quai d'Austerlitz) et dans les Bureaux-succursales, ainsi qu'à toutes les Gares et stations du réseau.

LES BILLETS DOIVENT ÊTRE DEMANDÉS A L'AVANCE

Envoi *franco* de *Prospectus détaillés et de Livrets de Voyages circulaires, etc., sur demande.* — *Adresser les demandes à l'Administration centrale, 1, place Valhubert, Paris.*

CHEMINS DE FER DU MIDI

VOYAGES CIRCULAIRES

DANS LE CENTRE DE LA FRANCE ET AUX PYRÉNÉES

1er, 2e et 3e ITINÉRAIRES

1re classe, **163** fr. **50**; — 2e classe, **122** fr. **50**.

DURÉE DES VOYAGES : 30 JOURS

Faculté de prolongation moyennant supplément de 10 0/0.

1° Paris (gare d'Orléans), Bordeaux, Arcachon, Mont-de-Marsan, Tarbes, Bagnères-de-Bigorre, Montréjeau, Bagnères-de-Luchon, Pierrefitte-Nestalas, Pau, Bayonne, Bordeaux, Paris (gare d'Orléans).

2° Paris (gare d'Orléans), Bordeaux, Arcachon, Mont-de-Marsan, Tarbes, Pierrefitte-Nestalas, Bagnères-de-Bigorre, Bagnères-de-Luchon, Toulouse, Paris (gare d'Orléans).

3° Paris (gare d'Orléans), Bordeaux, Arcachon, Dax, Bayonne, Pau, Pierrefitte-Nestalas, Bagnères-de-Bigorre, Bagnères-de-Luchon, Toulouse, Paris (gare d'Orléans).

Ces billets sont délivrés immédiatement à la gare du chemin de fer d'Orléans, quai d'Austerlitz à Paris. Il est également délivré des billets à toutes les gares ou stations du réseau d'Orléans et aux principales gares du réseau du Midi situées sur l'itinéraire à parcourir, pourvu que la demande en soit faite au moins trois jours à l'avance.

BILLETS DE FAMILLE

à destination des stations hivernales et balnéaires des Pyrénées.

Des billets de famille, de 1re et 2e classe, sont délivrés toute l'année à toutes les stations des réseaux d'Orléans, de l'État et du Midi, pour :

Alet, Arcachon, Argelès-Gazost, Ax-les-Thermes, Bagnères-de-Bigorre, Bagnères-de-Luchon, Banyuls-sur-Mer, Biarritz, Boulou-Perthus (le), Cambo-ville, Capvern, Céret (Amélie-les-Bains, La Preste, etc.), Couiza-Montazels, Dax, Guéthary (halte),

Hendaye, Lamalou-les-Bains, Laruns-Eaux-Bonnes, Oloron-Sainte-Marie, Pierrefitte-Nestalas, Pau, Prades (Le Vernet et Molitg), Saint-Flour (Chaudesaigues), Saint-Girons, Saint-Jean-de-Luz, Salies-du-Béarn, Salies-du-Salat et Ussat-les-Bains.

Avec les réductions suivantes calculées sur les prix du tarif général d'après la distance parcourue, sous réserve que cette distance, aller et retour compris, sera d'au moins 500 kilomètres :

Pour une famille de deux personnes, 20 0/0 ; de trois, 25 0/0 ; de quatre, 30 0/0 ; de cinq, 35 0/0 ; de six ou plus, 40 0/0.

Durée de validité : 33 jours, non compris les jours de départ et d'arrivée.

Faculté de prolongation moyennant supplément de 10 0/0.

NOTA. — Ces billets doivent être demandés 4 jours à l'avance.

BILLETS D'ALLER ET RETOUR

à destination des stations hivernales et balnéaires des Pyrénées.

Des billets aller et retour individuels de toutes classes, avec réduction de 25 0/0 en 1re classe et de 20 0/0 en 2e et 3e classe, sur les prix du tarif général, d'après l'itinéraire effectivement suivi, sont délivrés, toute l'année, à toutes les stations des réseaux de l'État et d'Orléans pour les mêmes stations hivernales et balnéaires que ci-dessus.

Durée de validité : 15 jours, non compris les jours de départ et d'arrivée.

Cette durée peut être prolongée d'une ou deux périodes de 10 jours, moyennant payement, pour chacune d'elles, d'un supplément égal à 10 0/0 du prix du billet d'aller et retour.

NOTA. — La demande de ces billets doit en être faite 8 jours au moins avant celui du départ.

Un Livret indiquant en détail les prix et les conditions dans lesquelles peuvent être effectuées les excursions ci-dessus est envoyé *franco* à toute personne qui en fait la demande à la Compagnie du Midi. Cette demande peut être adressée, soit au bureau commercial de la Compagnie, 54, boulevard Haussmann, à Paris, soit au bureau des tarifs, rue de la Gare, à Bordeaux.

BAINS DE MER

DE PARIS AUX STATIONS BALNÉAIRES OU THERMALES SUIVANTES :

1° — Billets d'Aller et Retour individuels VALABLES PENDANT QUATRE JOURS

ALLER : le VENDREDI (1), le SAMEDI ou le DIMANCHE. — **RETOUR** : le DIMANCHE ou le LUNDI seulement.

DE PARIS AUX GARES SUIVANTES :	1re CLASSE.	2e CLASSE.	DE PARIS AUX GARES SUIVANTES :	1re CLASSE.	2e CLASSE.
DIEPPE (Criel, Puys, Pourville, Berneval)	27 fr. »	20 fr. »	BAYEUX (Arromanches, Asnelles, etc.)	36 »	27 »
LE TRÉPORT (Mers), EU (Ault, Onival)	30 »	21 »	ISIGNY-SUR-MER (Grandcamp-les-Bains, Sainte-Marie-du-Mont)	40 »	30 »
CANY (Veulettes, les Petites-Dalles)			MONTEBOURG et VALOGNES (Saint-Vaast-la-Hougue, Quinéville)	45 »	34 »
SAINT-VALERY-EN-CAUX (Veules)					
LE HAVRE (Sainte-Adresse, Bruneval)					
FÉCAMP, LES IFS (Yport, Étretat)	30 »	22 »	CHERBOURG	50 »	37 »
TROUVILLE-DEAUVILLE, VILLERS-SUR-MER, HONFLEUR, CAEN			PORT-BAIL et CARTERET		
CABOURG (Le Home-Varaville)	33 »	24 »	COUTANCES (Agon, Coutainville, Régneville)	45 »	34 »
DIVES, BEUZEVAL (Houlgate)			GRANVILLE (Saint-Pair, Donville)		
LUC, Lion-sur-Mer, LANGRUNE, SAINT-AUBIN *(Prix pour le parcours total.)*	34 »	25 »	**EAUX THERMALES**		
BERNIÈRES, COURSEULLES (Ver-sur-Mer) *(Prix pour le parcours total.)*	35 »	26 »	BAGNOLES-DE-L'ORNE, par Briouze	40 »	30 »
			FORGES-LES-EAUX (Seine-Inférieure)	19 »	14 »

(1) Exceptionnellement, ces billets sont valables le *Jeudi*, par les trains partant de PARIS dès 6 h. 30 du soir.

2° — Billets d'Aller et Retour individuels VALABLES PENDANT TRENTE JOURS (Jour de la délivrance non compris).

DE PARIS AUX GARES SUIVANTES :	1re CLASSE.	2e CLASSE.	DE PARIS AUX GARES SUIVANTES :	1re CLASSE.	2e CLASSE.
BAYEUX			LAMBALLE (Pléneuf, Le Val-André, Erquy, La Garde-St-Cast, St-Jacut-de-la-Mer) par la gare de Plancoët	59 fr. 40	40 fr. 10
ISIGNY-SUR-MER			SAINT-BRIEUC (Portrieux, Saint-Quay)	62 10	41 90
MONTEBOURG et VALOGNE			LANNION (Perros-Guirec)	71 90	48 55
CHERBOURG			MORLAIX (Saint-Jean-du-Doigt)	73 90	49 90
PORT-BAIL et CARTERET			SAINT-POL-DE-LÉON	76 90	51 90
COUTANCES	56 fr. »	37 fr. 80	LANDERNEAU (Brignogan)	79 45	53 60
GRANVILLE			ROSCOFF (Ile de Batz)	77 70	52 45
SAINT-MALO-SAINT-SERVAN (Paramé, Rothéneuf, Cancale) (par la gare de la Gouesnière-Cancale)			BREST	82 »	55 35
DINARD (Saint-Énogat, Saint-Lunaire, Saint-Briac, Lancieux)			SAINT-NAZAIRE	59 70	40 30

NOTA. — Les billets de 32 jours peuvent être prolongés une ou deux fois de 30 jours, moyennant le payement, pour chacun de ces périodes, d'un supplément de 10 0/0 du prix du billet

SAISON DES BAINS DE MER

Du 15 Mai au 15 Octobre

PRIX AU DÉPART DE PARIS :

Billets d'Aller et Retour valables du Vendredi au Mardi

	1re cl.	2e cl.	3e cl.		1re cl.	2e cl.	3e cl.
Tréport-Mers	25 75	20 95	13 90	Wimille-Wimereux	34 55	26 10	19 30
Saint-Valery	27 15	21 95	14 75	Ambleteuse, Audresselles, Wissant			
Ayeux	27 15¹	21 35¹	14 75¹	(Marquise)	35 50²	26 75²	20 »²
Crotoy	26 45¹	20 85¹	14 35¹	Calais	37 90	29 »	21 95
Berck	29 60¹	23 05¹	16 20¹	Gravelines	38 85	29 95	22 60
Étaples (Le Touquet — Paris-Plage)	30 90	23 95	17 »	Dunkerque	38 85	29 95	22 60
Boulogne	34 »	25 70	18 90				

1. Ce prix ne comprend pas le trajet du chemin de fer d'intérêt local. 2. Ce prix ne comprend que le trajet en chemin de fer.

PARIS-LONDRES

CINQ SERVICES RAPIDES QUOTIDIENS DANS CHAQUE SENS. — *Trajet en 7 h. 1/2.* — *Traversée en 1 h. 1/4.*

Tous les trains, sauf le **Club-Train**, comportent des 2ᵉˢ classes. — En outre, les trains de malle de nuit partant de **Paris** pour **Londres** à h. 25 du soir, et de **Londres** pour **Paris** à 8 h. 15 du soir, prennent les voyageurs munis de billets de 3ᵉ classe.

DÉPART DE PARIS

Viâ Calais-Douvres : 8 h. — 11 h. 30 du matin — 3 h. 15 (Club-Train) et h. 25 du soir.

Viâ Boulogne-Folkestone : 10 h. 20 du matin.

DÉPART DE LONDRES

Viâ Douvres-Calais : 8 h. — 11 h. du matin — 3 h. (Club-Train) et 8 h. 15 du soir.

Viâ Folkestone-Boulogne : 10 h. du matin.

Les voyageurs munis de billets de 1ʳᵉ classe sont admis *sans supplément* dans la voiture de 1ʳᵉ classe ajoutée au Club-Train entre **Paris** et **Calais**. De Calais à Londres, supplément de 12 fr. 50.

GUIDES JOANNE

GUIDE DU VOYAGEUR EN FRANCE
Par RICHARD

I. Réseau Paris-Lyon-Méditerranée. . . . 4 »

II. Réseau d'Orléans-Midi-État. . . . . . 4 »

III. Réseau de l'Ouest. . . . . 3 »

IV. Réseau du Nord. 2 50

V. Réseau de l'Est. 2 50

Les cinq réseaux en un volume. . . . . . . 15 »

ALGÉRIE et TUNISIE . . . . 12 »

Provence. 7 50

MONOGRAPHIES SÉPARÉES

1° A 50 centimes :

Arles — Avignon — Menton — Nice — Monaco — Nimes.

2° A 1 franc :

Cannes et Grasse — Lyon — Marseille.

INDICATEURS DUCHEMIN

AGENCE FRANÇAISE DES VOYAGES
PARIS — 20, Rue de Grammont. — PARIS

SUCCURSALES :

Marseille, 1, quai de la Fraternité, et 5, place du Change.
Nice, 4, rue Garnier (avenue de la Gare).
Pau, hôtel Gassion. — Bruxelles, 108, boulevard du Nord.

VENTE DE BILLETS DE CHEMINS DE FER

Paris-Lyon-Méditerranée — Orléans — Est — Nord — Ouest — État

L'Agence délivre tous les billets à itinéraires fixes et facultatifs sur tous les réseaux. Les billets peuvent être demandés par correspondance.

Excursions en France et à l'Étranger

COUPONS D'HOTEL
POUR LES PRINCIPAUX HOTELS DE L'EUROPE

TÉLÉPHONE — OMNIBUS POUR LES GARES — TÉLÉPHONE

INDICATEURS DUCHEMIN
EN VENTE DANS TOUTES LES GARES

Indicateur des Villes d'Eaux et des Bains de mer, tous les mois, du 1er juin au 1er octobre. Prix : 50 centimes.

Indicateur des Stations d'hiver du Midi de la France, tous les mois, du 1er novembre au 1er mai. Prix : 50 centimes.

Ces Livrets indiquent les trains directs conduisant aux stations balnéaires et hivernales, avec le *service complet* des trains desservant les environs de ces localités. *Cartes géographiques* des lignes principales et *plans de villes*.

Indicateur de la Banlieue de Paris. Paraît toute l'année, le 1er de chaque mois. Prix : 25 centimes.

Ce Livret indique les *services officiels* de tous les chemins de fer desservant la banlieue de Paris. *Carte détaillée* pour chaque réseau.

IMPRIMERIE ET LIBRAIRIE CENTRALE DES CHEMINS DE FER

IMPRIMERIE CHAIX

SOCIÉTÉ ANONYME AU CAPITAL DE CINQ MILLIONS

Rue Bergère, 20, Paris.

PUBLICATIONS OFFICIELLES SUR LES CHEMINS DE FER

L'INDICATEUR-CHAIX, paraissant tous les huit jours. — Prix : 75 centimes.

LIVRET-CHAIX continental, Guide des voyageurs sur tous les réseaux étrangers, avec carte coloriée de l'Europe et Guide sommaire dans les principales villes, paraissant tous les mois. — Prix : **2 fr.**

LIVRET-CHAIX spécial pour la France, avec cartes de la France et de l'Algérie, et Guide sommaire dans les principales villes, paraissant tous les mois. — Prix : **1 fr. 50.**

LIVRETS-CHAIX SPÉCIAUX des cinq grands réseaux français (Ouest, — Orléans, Midi, État, — Lyon, — Nord, — Est), avec cartes, paraissant tous les mois. — Chaque livret : **40 centimes.**

LIVRET-CHAIX DES ENVIRONS DE PARIS, paraissant tous les mois, avec cartes. — Prix : **0 fr. 25.**

LIVRET SPÉCIAL pour les chemins de fer de l'Algérie, de la Tunisie et de la Corse, avec une carte imprimée en deux couleurs, contenant les horaires des lignes aboutissant aux ports d'embarquement de Marseille, Cette et Port-Vendres, les Services maritimes, les Voyages circulaires, etc. — Prix : **50 centimes.**

LIVRET-CHAIX DES RUES DE PARIS, avec plans des théâtres. — Prix : **2 francs.**

CARTE DES CHEMINS DE FER FRANÇAIS ET DE LA NAVIGATION, au ...., imprimée en deux couleurs sur papier grand-monde (largeur 1ᵐ,20, hauteur 0ᵐ,90), coloriée par départements et par réseaux, indiquant le tracé des lignes en exploitation, en construction ou classées, etc. Les cours d'eau sont imprimés en bleu. — Prix : en feuille, 6 francs ; toile pliée, 9 francs ; toile baguettes, 11 francs. Port en plus : 1 franc.

LIVRET SPÉCIAL pour les VOYAGES CIRCULAIRES sur les chemins de fer de l'Ouest, contenant une carte spéciale pour chaque voyage, le prix des billets, les conditions, etc., publié par la Compagnie. (In-18, format de poche.)

LIVRET SPÉCIAL pour les VOYAGES CIRCULAIRES sur les chemins de fer de Paris-Lyon-Méditerranée, contenant la carte de chaque voyage, le prix des billets, les conditions et l'indication des lieux remarquables situés sur les itinéraires à parcourir, publié par la Compagnie des chemins de fer Paris-Lyon-Méditerranée. (In-18, format de poche.)

LIVRET SPÉCIAL pour les VOYAGES CIRCULAIRES ou d'EXCURSIONS sur les chemins de fer de l'Est, contenant une carte spéciale pour chaque voyage, le prix des billets, les conditions, etc., publié par la Compagnie des chemins de fer de l'Est. (In-18, format de poche.)

LIVRET SPÉCIAL pour les VOYAGES CIRCULAIRES sur les chemins de fer d'Orléans, du Midi et de l'État, contenant une carte spéciale pour chaque voyage, le prix des billets, les conditions, des vues, etc., publié par les Compagnies. (In-18, format de poche.)

LIVRET SPÉCIAL pour les VOYAGES CIRCULAIRES sur les chemins de fer du Nord, contenant une carte pour chaque voyage, le prix des billets, les conditions, des vues, etc. In-18, format de poche.)

Paris. — MAY & MOTTEROZ, Lib.-Imp. réunies

7, rue Saint-Benoît.